改訂2版

実践につなぐ

ことば
Kotoba to Hoiku
と保育

近藤幹生　寶川雅子　源 証香　小谷宜路　瀧口 優
Kondo Mikio　Houkawa Masako　Minamoto Satoka　Kotani Takanori　Takiguchi Masaru

ひとなる書房

Prologue はじめに

　本書は、保育者をめざす学生のみなさんが、乳幼児期のことばについて学習をすすめるためのテキストとして、2011年5月に発行し、このたび、執筆者たちの検討を加えて、2回目の改訂版を発行することになりました。

　学生のみなさんにとって、乳幼児期のことばを学ぶことには、どんな意味があるのでしょうか。一方、保育園・幼稚園の側から見たとき、大学・短期大学等における「保育内容　言葉」の授業には、どのような内容が求められているのでしょうか。本書は、こうした問いについて検討を重ねながら、内容を組み立てました。

　保育者をめざすみなさんに求められることは、子どもや人間をどうとらえるかを、自分や仲間たちとともに考えていくことだと言えます。大げさな表現に聞こえるかもしれませんが、この学びを、子どものことばを中心にすすめてみませんか。

　本書の特徴をいくつか述べておきます。

　一つめは、保育園・幼稚園で実践経験のある執筆者たちが、子どものことばおよび保育に関する持論を幅広く展開していることです。もちろん、各執筆者の保育園・幼稚園での現場経験は異なり、子どものことばや保育に対する考え方にも違いがあります。そのことは、学生のみなさんにとっては意外なことかもしれません。でも私たちは、読者のみなさんが自分なりの子ども観・保育観を豊かに形成していくには、さまざまな見解や視点にふれることが大切だと考えています。

　二つめは、執筆者が大学・短期大学で「保育内容　言葉」の授業に携わっている経験を土台にして、従来の教科書では十分ふれられていない新たな視点を登場させていることです。たとえば、乳児期・幼児期のことばや表情の特徴を、執筆者自身の保育実践とのかかわりから解説し、具体的事例や写真を多く用いて紹介しています。ことばに焦点をあてながらも、話し合い、指導計画、連絡帳、（ことばの）記録、絵本・紙芝居についても

紹介しました。

　さらに、子どものことばや表現について、乳幼児の権利という角度から取り上げています。乳幼児期における、母語の重要性や早期教育の課題にもふれました。これまでの教科書には見られない内容になっています。

　改訂にあたっては、前回の改訂時と同様、各章の執筆者たちが、この間の乳幼児期のことばと保育をめぐる課題を議論しながら、よりよい内容のテキストになることをめざし改善をはかりました。

　なお、2015（平成27）年より、子ども・子育て支援新制度が開始されました。また、2018年4月より保育所保育指針・幼稚園教育要領・幼保連携型認定こども園教育・保育要領が改訂（改定）されて、施行されています。こうした動向が、ことばと保育をめぐり、文字や数の取り組みなどでどのような課題がでてくるのか、注目していく必要があると考えています。

　本文のより詳しい解説として、コラムやコメント、資料のコーナーを設けています。ことばや保育にかかわる参考文献も紹介しましたので、自分から関心を広げ、学んでほしいと思います。

　本書は、保育園・幼稚園の関係者の方々にもぜひ読んでいただきたいと思います。今、求められている保育実践の質的向上にも資する面があるはずです。読者のみなさんにとって本書との出会いが、子どものことばについて興味や関心を広げ、保育をより深く考えるきっかけとなることを願っています。

　2019年1月

著者を代表して　近藤幹生

 もくじ

はじめに 2

第1章 人間にとっての「ことば」とは──ことばの機能を考える 10

(1) コミュニケーションの手段としてのことば 11
(2) 行動の調整とことば 12
(3) 考える道具としてのことば 14

第2章 保育内容としての「ことば」の歴史 18

第1節 保育内容「ことば」の移り変わり 18
第2節 「お話」に関する保育内容 19
(1) 明治期から昭和初期 19
(2) 昭和期から現在 20
第3節 「生活の中でのことば」に関する保育内容 22
(1) 明治期から昭和初期 22
(2) 昭和期から現在 22
第4節 幼稚園教育要領・保育所保育指針における領域「言葉」 24
◆乳児保育に関わるねらい及び内容（抜粋）25
◆1歳以上3歳未満児の保育に関わるねらい及び内容（抜粋）26
◆3歳以上児の保育に関わるねらい及び内容（抜粋）27

第3章 「ことば」の育つみちすじ 30

第1節 ことばを話す前に〜0歳児のことば〜 30
(1) 泣く（cry）31
(2) 笑う（smile, laugh）32
(3) 視線の共有 34

（4）喃語（bubbling）　36
　　　（5）構音器官の発達　38
　　　（6）指さし（pointing）と三項関係　38
　　　（7）ことばの発生と理解〜直立二足歩行とことば〜　40

　第2節　ことばを話せるようになってから〜1・2歳児のことば〜　42
　　　（1）話しことばのはじまり　42
　　　（2）具体例から見ることばの特徴　46

　第3節　3歳児のことば　50
　　　（1）会話の成立　50
　　　（2）人とのかかわりと一体になったことば　52
　　　（3）ごっこの世界でのやりとり　54

　第4節　4歳児のことば　58
　　　（1）ことばの飛躍　58
　　　（2）気の合う友だちとの関係におけることば　59
　　　（3）大勢の中で「話す―聞く」こと　61

　第5節　5歳児のことば　65
　　　（1）考える過程とことば　65
　　　（2）遊びの中の書きことば　70
　　　（3）遊びの豊かさにつながることば　73

　第6節　1年生のことば　76

第4章　「ことば」を育むための保育者のかかわり・役割　80

　第1節　話し合い場面での保育者の役割　80
　　　（1）数人から次第に学級へと広まっていく話し合い　80
　　　（2）学級みんなで目的を共有しながらすすめる話し合い　82
　　　（3）生活の仕方についての話し合い　85

　第2節　けんか・トラブル場面での保育者の役割　87
　　　（1）けんかの仲介とは　87
　　　（2）幼児のイメージを大切にしたかかわり　88
　　　（3）友だちとの関係をことばで振り返る機会　89

　第3節　保育園・幼稚園におけることばをめぐる問題　91
　　　（1）かみつきについて　91
　　　（2）吃音について　92

(3) ことばが遅い子について　93
  (4) ことばの障がいについて考える　94

第4節　保育者の「ことば」　95
  (1)「ことばかけ」とは何か　95
  (2) 保育者自身の「声」「ことば」　96

第5章　「ことば」を育てるあそび——児童文化財にふれる　100

第1節　児童文化財とは　100
  (1) ことばあそび　101
  (2) 絵本　102
  (3) 紙芝居　110
  (4) わらべうた（手あそび）　111
  (5) お話　115

第2節　教材研究のおもしろさ　117
  (1) さあ、実践してみよう——「教材研究カード」の作成・活用　117
  (2) 教材研究と実践事例の紹介　120
  (3) 素話・読み聞かせから遊びへ　122

第3節　詩に関心をもとう　126

第6章　指導計画と「ことば」　134

第1節　指導計画とは　134

第2節　乳児保育の指導計画例　135
  (1) 個別のかかわりの中でことばを意識した月案例　135
  (2) 個別の配慮と共通の配慮の両面からことばを意識した月案例　136

第3節　3～5歳児保育における週を単位とした指導計画例　140
  (1) ねらいの中にことばの視点を取り入れた週案例　140
  (2) ねらい以外の部分にことばの視点を取り込んだ週案例　142

第4節　3～5歳児保育における日を単位とした指導計画例　144
  (1) ねらいの中にことばの視点を取り入れた日案例　144
  (2) ねらい以外の部分にことばの視点を取り込んだ日案例　148
  (3) ことばに関する特定の活動に着目した日案例　150

第7章 家庭との連携と「ことば」 152

第1節 保育を伝える手段としての「クラスだより」 152
（1）クラスだよりの形式について 152
（2）クラスだよりの内容について 152

第2節 園と家庭をつなぐための連絡帳（お便り帳） 157

第8章 「ことば」を聞く意味、記録する意味 160

第1節 口頭詩とは──幼児のことばを記録する取り組み 160
第2節 ことばへの自分なりの視点を持つこと 161
第3節 ことばを記録するには──ことばの記録・活用方法 164
第4節 子どものことばの世界を広くとらえること 165

第9章 乳幼児期の「ことば」と子どもの権利 168

第1節 「子どもの権利条約」を知っていますか 168
（1）生まれたばかりの子どもにも子どもの権利条約は有効か 168
（2）なぜ子どもの権利条約ができたのでしょうか 169
（3）そもそも子どもの権利とは何でしょうか 169
（4）子どもの権利条約を読み解く 170

第2節 ことばの視点から見る子どもの権利とは何か 173
（1）ことばでコミュニケーションをはかる権利がある 173
（2）思考力・判断力・表現力・批判力を育てる 174
（3）自分の言語を持つ権利がある 174

第10章 「ことば」をめぐる新たな課題 176

第1節 文明の発達とことば 176
（1）生活体験の縮小とことば 176
（2）メディアのことばへの影響 177

第2節　メディアの発達とことば　178

（1）乳幼児とテレビの関係　178
（2）コミュニケーション上の問題　178
（3）メディア時代のコミュニケーションづくり　180

第3節　早期教育とことばの関係　180

（1）早期教育とは　180
（2）早期教育がことばの発達に与える影響　182

第4節　外国語（英語）教育をめぐって　183

（1）英語は早くから身につけた方がいいのか　183
（2）母語の大切さ——バイリンガルをめぐって　184

第5節　乳幼児期の異文化コミュニケーションとことば　184

（1）異文化の子どもたち　184
（2）異文化コミュニケーション——外国の歌・遊びを利用して　186
（3）異文化から多文化へのみちすじ　188

おわりに　190

Column コラム

はじめにことばありき　13

領域「言葉」の経過について　23

保育は養護と教育の一体的営み　29

マザリーズ（Motherese）33

程よい関係を大切に　37

会話の増大　45

内言と外言　45

育児語・幼児語　51

過度拡張・過度縮小　63

語彙の増加　63

幼児音　63

鏡文字　75

手紙　75

「考える過程」の大切さ　85

ことばの持つ危険性への気づき　89

苦手意識に向き合って　98

ことばと地域性〜ごっこあそびから考える〜　99

『クシュラの奇跡』に見る重度障害児にとっての絵本　132

話しことばと書きことば　147

デジカメ写真で保育を伝える　158

口頭詩集『ひなどり』　163

エピソード記録　167

第1章 人間にとっての「ことば」とは
——ことばの機能を考える

【事例1−1】A子（2歳6ヶ月）が登園してきました。庭で、ほうきを持っている私のところへやってきました。「A子さん、おはよう」と声をかけると、「にこり」としました。その後、こちらの目を見ながら、少しずつ遠ざかっていくA子。自分が見られていることを確かめるように、何度も振り向いては園庭の端まで行きました。「どうしたのかなあ」と見ていると、A子はもう一度こちらの目を確かめてから、今度は空を見て指さしをしました。空に残っている月を、私に教えてくれたのです。

　まだ、音声としてのことばを発することは少なかったA子が、一言もことばを交わさずに、発見した月のことを伝えてくれました。この朝の出来事は忘れがたい場面です。

　A子は、2歳を過ぎているとはいえ、まだ十分にことばを使いこなすことはできません。でも、空に月があったことを目や表情で伝えることができたのです。

　そもそも人間にとって、ことばはどのような役割を果たしているのでしょうか。そして、A子のように、ことばを発する以前の段階でも伝え合えることをどう見たらよいのでしょうか。これから、ことばの持つ機能について考えていきます（コメント1）。

　かつて、原始社会における人類は、採集や狩猟生活を共同で営んでいたことが明らかにされてきました。人類は、集団で力を合わせ生き、そこには、ことばや文化、芸術も生まれてきました。もちろん、食料確保の要となる狩猟を成功に導くためには、互いの意思疎通が必要になってきました。さらに、火の使用や農耕生活などを通して、身体的にも、精神的にも高度な脳を持つ人類として進化してきたのです。こうした長いプロセスに

おいて、人類は言語による生活を築いてきたと考えられているようです。では、人間はいつ言語を獲得したのか、そして言語は人間に特有なものか否かというテーマは、専門家による研究がすすめられてきましたが、解明の途上にあると言えそうです（コメント2）。

（1）コミュニケーションの手段としてのことば

人類史に興味を持ちながらも、より身近な保育園・幼稚園の子どもたちに目を移して考えてみましょう。
園庭で、子どもたちが鬼ごっこに夢中になって走りまわっていました。

【コメント1】事物（もの）には、ことばがあることを知る

　1歳9ヶ月で視覚と聴覚が不自由になったヘレン・ケラーは、家庭教師サリバン先生に手を引かれ井戸へ行き、激しく流れる水にふれ、「WATER」という文字を掌に書いてもらいます。さらに、花、人形と、ことばを獲得します（ヘレン・ケラー『わたしの生涯』角川文庫、p.39参照）。――1歳児期、ものには名前があることを学んでいくのです。

【コメント2】

　「人間はいつ言語を獲得したのか？」「言語は、人間に特有なものか否か？」――このテーマについては、専門家による研究がすすめられてきましたが、十分解明されてはいないようです。発達神経学の研究者である榊原洋一は、人間が言語を獲得した背景には、「ヒトの体の進化と社会生活の複雑化がある。体の進化では、まず第一に直立歩行によって大きな脳を支えることが可能になり、ついで喉の構造が発音に都合よく変化した」という事情があり、「言語は精神活動が文法という形で顕在化したものであるから、脳の発達が必須だ」と指摘しています。そして「ことばは化石にならないし、石器や洞窟画に文字は書かれていないから、直接確かめる手段はない」、「咽頭の構造を発掘された骨格から推定することや、言語中枢のある側頭葉の大きさを頭蓋骨から計測して想像するより方法はない」と述べています（『ヒトの発達とは何か』ちくま新書、1995年）。

　言語が人間特有のものかどうかについては、チンパンジーと人間の乳児をいっしょに育て、言語発達を調べる研究が行われてきたことを紹介しています。チンパンジーも簡単な単語やシンボルを使うことができるようですが、チンパンジーの言語使用が人間の言語と同等と言えるかどうかは、榊原は明言していません。

　このように、人類史や進化について追究されてきた結果、人間が進化の産物としての言語を獲得した意義は確かめることができてきたと言えるでしょう。

そして空腹になったとき、「せんせい、おなかすいた。きょうのきゅうしょく、なあに？」などと聞いてきます。また、友だちと砂場で遊んでいて、お気に入りのカップが欲しくて、取り合いになって相手の手を噛んでしまうこともあります。そんなとき、保育者にうながされて「○○さん、カップかしてちょうだい……」などと言う子どもがいます。

このように、自分の要求や気持ち、「○○したい」という意思を他人に伝えるために、ことばは大切な役割を持っています。ことばは、人と人とがコミュニケーションをする手段として機能していることがわかります。では、ことばをまだ発しない年齢の子どもについては、どう考えればよいのでしょうか。朝の登園時に、乳児クラスでは次のような光景が見られます。

【事例1－2】お母さんが保育園に連れてきたのですが、子どもはあまり機嫌がよくありません。保育者が子どもを引き取りながら、「お母さんにバイバイしようね」などと言います。でも子どもは、抱っこされたまま、泣き出してしまいます。よく見ていると、抱かれながらも、お母さんが行ってしまった方を向いて「指さし」をしています。おそらく、何か言いたいことがあったのでしょう。保育者は「大丈夫だよ、お迎え来るからね、お外で遊ぼうか……」と、気持ちを理解してあげながら、保育をすすめます。この「指さし」が、子どもにとっては大事な意思表示なのです。

音声としてのことば、つまり、大人にとってすぐにわかることばだけではなく、「指さし」「身振り」「表情」などによっても、自分の気持ちを表現していくわけです（非言語的コミュニケーションとも言われています。詳しくは第3章参照）。このように、音声としてのことばを発していなくても、子どもと保育者とのコミュニケーションは成り立つことがわかります。

(2) 行動の調整とことば

次は、行動の調整としてのことばの役割を考えます。
自分が何か行動を起こそうとするとき、ことばにより、自分をある行動に仕向けたりすることがあります。たとえば、大人でも階段を登るとき、疲れてはきたが、あと少し元気を出してと「いち、にい、さん、しい

> コラム　　　　　　　　　　　　　　　　　　　　　　　　　　　　　　Column

はじめにことばありき

　私たち人間は、「ことば」と共に生活をしています。

　友だちに「今日は助かったよ。ありがとう」と感謝されたとします。あなたはとても嬉しい気持ちになります。その、あなたの気持ちを嬉しくさせてくれるのは「ことば」です。また反対に「あなたなんか、大嫌い」と言われ、心が傷つきます。悲しい気持ちになります。あなたの気持ちを傷つけるのも「ことば」なのです。悩みなどがあって考えごとをするとき、私たちの頭の中では「ことば」を使って考えごとをすすめていきます。このように、私たち人間は、どのようなときにも「ことば」とともにあります。

　さて、人類の文化や歴史に影響を与えてきたと言われている聖書の中にとても有名な聖句があります。

　　　"はじめに　ことば　ありき"（ヨハネ1：1）

　すべての始まりには何があったのかというと、そこには"ことば"があったのだというのです。ここでいう"ことば"とは「ロゴス（logos）」（神のことば）という意味の深いことがらを表していますが、それでも"ことば"と表現したことを考えると、ことばと人とのつながりの深さを否めません。

　ところで、昔ヨーロッパに好奇心旺盛な王様がいました（レオポルド3世）。その王様は、人が生まれてから最初に発することばを知りたくて、実際に試みたと言われています。乳児に対し、ことばかけのない環境で養育を行ったそうです。この乳児たちはどのような大人になったのでしょうか？　実はこの乳児たちは皆、幼くして死んでしまったのです。古代エジプトの教王プサメティコスや、スコットランドのジェームズ4世（15世紀）、神聖ローマ帝国皇帝フリードリヒ2世らによっても同様の試みが行われたと言われています（外山滋比古『頭のよい子は「ことば」で育つ』海竜社、2004年。小林春美・佐々木正人編『子どもたちの言語獲得』大修館書店、2004年。庄司順一・奥山眞紀子・久保田まり編著『アタッチメント』明石書店、2008年）。

　「養育をする大人からのことばかけ」というたった一つのことが欠けただけで、乳児は命を落としてしまったのです。

　たかがことば。されどことば。私たち人間が当たり前のように使っていることばではありますが、その当たり前のことばがなくなってしまうと、しかも自分がサインを送っているのにそれに誰も応じてくれないと、人は命さえも失ってしまうのです。

……」と言いながら登ったりすることがあります。幼児たちの遊びを見ていくと、そうした場面にたくさん出会います。友だちといっしょに「せーので、もって」と声を揃えて重いものを運んだりするときがあります。また他にも、練習を重ねながら、長縄跳びができるようになる光景を見たことがありますか？「ゆうびんやさん、おとしもの、なあに、はがき、ひろってあげましょ、いちまい、にーまい、さんまい、よんまい、ごーまい……」というように、かけ声やリズムに合わせて、上手に跳んでいけるようになります。ことばをリズムや体の動きに合わせるということが、できるようになっていきます。つまり、ことばによって自分の行動を調整しているわけです。

（3）考える道具としてのことば

　三つめに、ことばの果たす役割で大切なことは、ことばは考える道具として機能していることです。
　2、3歳の子どもが室内で、ブロックで何かを作っています。そのときの様子を見ていると、自分なりに作るものを、イメージしているのではないかと思うことがあります。子どもは夢中で取り組んでいるのですが、ブロックを長くつなげて「しんかんせんにしよう」とか、四角にして「おうちをつくろう」としたりもします。そんなふうに考えながら遊んでいる姿を見ていると、自分の中にあらかじめ、何かを作ろうとするイメージがあるようです。「今度は、こうつなげて……」などと、一つひとつ声に出して取り組んでいることもあります*。

*コラム p.45参照

　では、次のような場合はどうでしょうか。
　子どもたちが何やら相談しています。大好きな犬（ろくべえ）が、道端の深い穴に落ちてしまったのです。どうしたら助けることができるのか、仲間たち（小学1年生）が話し合います。ろくべえをどうしても助けたい。「ろくべえ。がんばれ」と口々にさけびますが、さけぶだけでは助けられません。また、ろくべえの好きなシャボン玉の用意をして、穴の底へ向けて吹いてあげますが、ろくべえは動きもしなくなりました。おかあさんや通りすがりの大人にも相談しますが、誰も力になってくれません。
　子どもたちは「どうしよう」と、頭が痛くなるまで考えます。そしてようやく、ろくべえの恋人（クッキー）を連れてきて、かごに乗せて穴に下

『ろくべえまってろよ』灰谷健次郎・作／長新太・絵、文研出版

ろし、ろくべえといっしょに助け出すという作戦を決めて、とうとう助け出すことに成功します。

以上は、絵本『ろくべえまってろよ』の内容です。子どもたちは必死になって考えて、自分たちの力で問題を解決することができたのです。子どもたちのことばが、考える道具として機能し、話し合いをすすめていることがわかると思います（**コメント3、4**）。

以上のように、ことばの機能（はたらき）については大きく三つに整理しておきますが、多岐にわたる側面があることも知っておいてください。

【コメント3】

ことばと思考の関係をめぐる論争――論争の内容を解説することは容易ではありませんが、汐見稔幸他著『ことばに探る心の不思議』（ひとなる書房、1996年）より説明・見解を引用します。

ことばと思考との関係では、J.ピアジェとエリコニンによる論争があります。以下に紹介する内容は抽象的で難しいですが、いっしょに考えてみてください。

ピアジェは、頭の中の諸操作はことばを身につけても発達するとは限らない。操作の力を発達させるものは、実際に手で加工してみたり、体験してみたりすることのほうである。頭の中の思考というのは、手と目や耳を使って具体的に思考する活動をくり返し、それを頭の中だけでできるようになることにほかならないといいます。つまりことばは思考の必要条件ではあるが十分条件ではない、これがピアジェの見解です。ピアジェによれば、思考は具体的に思考する体験を積み重ねるしか伸ばす方法はないというのです。

これに対してエリコニンという人は、そんなことはない、思考の結果がことばで語られるということは、そのことばによる表現の論理構造を身につけているからだという立場から、ことばによる複雑な表現を身につければ思考力も伸びると反論しました。たとえば「その棒はあの棒より細いが長い」という文が言えるということは、この二つの棒を比べる思考操作ができていることの反映だと考えるのです（汐見稔幸「生きたものとしてのことば」Ⅰ章1 pp.34-35）。

そして汐見は次のように言っています。――エリコニンの立場を100％否定しないまでも（ある程度まではエリコニンの説も妥当していると思うということです）、基本的にはピアジェの説に賛成です。ことばにはことば独自の発達のしかたがあり、ペラペラしゃべることができる人が必ずしも思考力が豊かとは限らないというのが普通だからです。

いずれにせよ、人類が長い進化の産物として築き、蓄積してきたとも言えることばの機能を確かめ合い、豊かに発展させながら、保育実践を創造することが求められていると言えるでしょう。

この30〜40年くらいの間に、乳児の研究が進んできました。医療技術も進歩し、胎児の成長の様子などが映像で見られるようになってきています。これまでは、乳児は目も見えないし、未熟な存在であると考えられてきました。しかし、研究により生後間もない頃の赤ちゃんが、さまざまな感覚器官を発達させていくことがわかってきました。ことばについても、たとえば親やそうではない大人のことばを聞き分けたりする可能性を指摘する研究報告があります。

子どもを保育する、育てるという行為は、言い換えれば、もともと乳幼児が持っていた力を、よく発揮できるように、保育者がゆったりと向かい合う営みだと言えるでしょう。乳児は、まだことばを十分には話せませんが、泣いたり笑ったりして要求を発していると言えるでしょう。そして、ことばを使い始める幼児も、さまざまな表情やしぐさで自分を主張します。保育者には、それをつかむアンテナが必要だと思います。

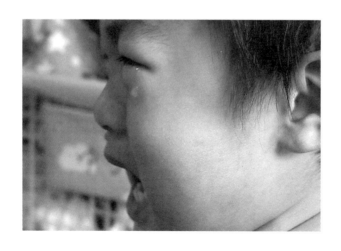

【コメント4】

　近年、子どもたちの環境が大きく変化し、心身を十分に使って体験することよりも、映像などによるビジュアルな表現にふれる方が優位となっていると言われています。今から約47年前の見解（1969）において、近藤薫樹（1920-1988）は幼児の経験とことばとのかかわりを説明しました。

　保育・幼児教育の原則を考えていくとき、次の三つの見どころを提示しました。第一は子どもがもつ活動意欲、第二は子どもの生活経験を大事にすること、第三は経験したことをことばと結びつけることです。このそれぞれを積み木にたとえて、保育において大事にとらえる度合いを積み木の大きさで表して説明しています。

　子どもの活動意欲を土台に十分な生活経験を積み上げていくこと、しかしそれだけではなく、経験したことをことばと結びつけていく保育が大事であることなどを主張しました。幼児の経験とことばの結合の重要性を示していると言えます（近藤薫樹『近藤薫樹著作集1　保育の実践入門』桐書房、1987年。『集団保育とこころの発達』新日本出版社、1969年。新版は1978年）。

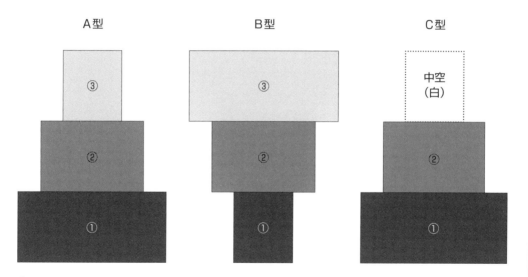

① 子どもが本来もっているはずの、活動意欲を示す積み木。
② 子どもが外界の具体物とからだごとぶつかって得た生活経験を示す積み木。
③ 生活経験を抽象的に思考にきりかえる道具としてのことばの世界を示す積み木。
そして、積み木の大きさは、おとなたちがこれを大事に考える度合いをあらわす。

（図は近藤薫樹『保育の実践入門』p.25 より転載）

第2章 保育内容としての「ことば」の歴史

【事例2−1】「あっ、おっ」「もっ（と）もっ（と）」
　4月に入園したばかりの乳児クラスの子どもたち。母親と別れるときは、大きな声で泣いていました。でも、保育者に抱かれてなんとか落ち着いてきた頃から、少しずつ遊べるようになります。友だちが揃ってから、水分補給をして、園庭の砂場に出ました。プリンカップに砂をつめてひっくり返してあげると、そこにはケーキができています。1歳児たちは、それを見ては、「あっ、おっ」「もっ（と）もっ（と）」などと、興奮気味でした。

　毎日のようにくり返される保育のひとコマですが、日本の保育・幼児教育において、「ことば」はどのように位置づけられてきたのでしょうか。
　ここでは、保育内容としての「ことば」の歴史に目を向けてみましょう。「お話」や「生活の中でのことば」の変遷を中心に学びます。

第1節　保育内容「ことば」の移り変わり

　日本の、主に幼稚園において「ことば」に関する保育内容の歴史をたどると、右頁の表のようになります（**資料1**）。
　この表の内容は、大きく2つに分けて考えることができます。一つは保育者が幼児に「お話」を伝えることです。これは「説話」に始まり、現在の幼稚園教育要領の「言葉」にまで続いている保育内容です。もう一つは、幼児が日常生活の中でことばを使うことです。これは、明治末期以降、恩物*中心の保育に対する批判から出てきた新たな保育観によるもの

＊ドイツの教育者フレーベルの考案した幼児のための遊具。球・積木・板・棒などからなる。

です。「生活の中でのことば」として、戦後の保育要領以降、明確に保育内容として位置づけられてきました。第2節・第3節では、それぞれについて、どのように移り変わってきたかを見ていくことにします。

第2節 「お話」に関する保育内容

(1) 明治期から昭和初期

日本で初めての幼稚園である東京女子師範学校附属幼稚園の規則［1877（明治10）年］には、保育項目の一つとして「説話」が盛り込まれています。具体的には、5歳児・4歳児では「博物修身等の話」、3歳児では、「小話」といったように、主に道徳的内容を保育者が子どもに聞かせ、子どもは保育者の話を聞くという形式だったようです。

その後、幼稚園保育及設備規程［1899（明治32）年］、幼稚園令施行規則［1926（大正15）年］では、保育の項目の一つに「談話」がありました。この頃すでに、それぞれの年齢に適した童話や季節の話などが用いられてお

資料1　幼稚園における「ことば」に関する保育内容の歴史

西暦（年号）年	用語	出所
1877（明治10）年	説話	東京女子師範学校附属幼稚園（保育科目）
1881（明治14）年	修身の話　庶物の話　読み方　書き方	東京女子師範学校附属幼稚園（保育科目）
1899（明治32）年	談話	幼稚園保育及設備規程（幼児保育の項目）
1926（大正15）年	談話	幼稚園令施行規則
1948（昭和23）年	お話	保育要領（幼児の保育内容）
1956（昭和31）年	言語	幼稚園教育要領（幼稚園教育の内容）
1964（昭和39）年	言語	幼稚園教育要領（内容）
1989（平成元）年 ※以降3度改訂	言葉	幼稚園教育要領（ねらい及び内容）

り、「三匹のこぶた」「七匹のこやぎ」*「ブレーメンの音楽隊」「赤ずきん」「ジャックと豆の木」など、現在語られているお話も多く見られます。倉橋惣三らによって編集された『改訂版 系統的保育案の實際』［1941（昭和16）年］では巻末に「談話通覧表」が掲載されていました（**資料2**）。

*参考『おほかみ』（①）グリム原作、上田万年訳、1889（明治22）年

話のあらすじは、現在伝わっているものとおおよそ同じです。ただ、着ているものが和服であったり、日本風の家屋に住んでいたりします（左②③参照）。
古くから伝わっているお話が、時代によってどのように表現されているのか、同じお話でも異なる絵本を探してみると新たな気づきがあると思います。

（2）昭和期から現在

保育要領［1948（昭和23）年］では、「人の語ることばをよく聞く態度を養成することもたいせつである。このためには、童話・おとぎ話・詩などを聞かせてやる。それはまた幼児の想像を豊かにするものである」と示されています。さらに、聞かせるのによい童話として「明るい話」「美しい理想を持った話」など、避けたほうがよい話として「惨忍な話」「悲痛な話」「下品な話」などの基準を挙げています。

続く幼稚園教育要領［1956（昭和31）年］では、領域「言語」の望ましい経験の中に「ラジオや教師の童話などを喜んで聞く」「絵本を喜んで見る」という項目があります。さらに1964（昭和39）年に改訂された要領では、内容が整理され、「先生の話す童話を喜んで聞く」「絵本、紙しばい、放送などを喜んで見たり聞いたりする」という項目になります。先生のお話だけでなく、様々な視聴覚教材の広がりがあったことがうかがえます。

1989（平成元）年改訂の幼稚園教育要領では、領域「言葉」のねらいに「絵本や物語などに親しみ、想像力を豊かにする」とありました。現行［2017（平成29）年改訂］の要領では、「絵本や物語などに親しみ、言葉に対する感覚を豊かにし、先生や友達と心を通わせる」と変更されています。

このように歴史をたどってくると、保育者が何らかの意図を持って、幼児に「お話」をすることが、長い間継続されてきたことがわかります。同時に、明治当初の道徳的なお話から、現在では、幼児の想像力の育ちを期待するお話へと、変化していることもわかります。

資料2　談話通覧表

談話通覧表

年少組　童話

ボコ〈〈／富子さんの風船／大きな球のはなし／小さい小さい叔母さん／猫のお見舞／牡鶏と猫／お地蔵様／とっつかうかくっつかうか／赤ん坊爺さん／金出ろ銀出ろ／猿の人まね／三匹の小豚／どんぐり小坊主／三匹の熊／舌切雀／大いそぎ大いそぎ／田原藤太／牛若丸／馬の頭／三羽のひよこ／鈴蟲／三匹の小犬山羊／七匹の仔山羊／月の井戸／一本足の兵隊／黒馬のお客様／傳書鳩のたより

年少組　童話（つづき）

平蔵さんと槍蔵さん／五郎さんと豆の木／鯉のぼりの話／赤いめんどり／四季について／ねん〈〈ねむの木／石の臼／力の鍵／こぶ取り爺さん／虎の明神／わるいくせ／動物の村／トロヤの木馬／鳥と獣の戦争／鼠の嫁入り／コリン爺さん／鼠の餅ひき／耳なし姫／親指トム／鴨取り権兵衛／猿蟹合戦／七人のばか／鬼の御殿／鈴の兵隊／笑ひ話／白壁のお家／傘屋の長吉／人形太郎

年少組　時話・観話その他

天長節／靖國神社／鯉のぼりの話／四季について／東郷元帥／梅雨の話／皇太后様の御事／秋季皇霊祭／嵐について／お彼岸について／夏休み中のいろ〈〈／七夕様／運動會について／神嘗祭／明治節／七五三について／新嘗祭／學校創立記念日／皇太子様の御事／大正天皇祭／お正月について／二重橋のお話／國旗のお話／豆撒き／紀元節／三月節句の話／地久節／乃木大將

年長組　童話

アリババ／釋迦／雨漏り／森の王様／キリスト／まちがひ／赤頭巾／蜂大將／ブレーメンの音樂師／天狗と平助／赤い帽子のお婆さん／グレーテルとヘンデル／桃太郎／川中島の戦／五色の玉／寶の小石／へうたんラヂオ／猫の玉子／一本足の大男／もみの木／千桃の質／ハンスの馬鹿／コーカサスの禿鷹／馬鹿島／ハンスの手紙／河馬の泉／魔法の泉／靴屋の出世／物いふ木／風琴物語／那須の與一／おどり切らした靴／ジヤツクと豆の木／火打箱／銀の鈴／月の兒／元冠

年長組　童話（つづき）

犬と雀／雨漏り／靖國神社／日本海の海戦／庭の大銀杏について／梅雨の話／東京市の話／富士山の話／秋季皇霊祭／月の話／星の話／皇太后様の御事／七五三について／羅生門／文禄茶釜／ロビンソンクルーソー／狸々の旅行／六勇士／ガリバー旅行記／煙の兵隊さん／因幡の白兎／幸福な王子様／黄金の鳥／一寸法師／爆弾三勇士／笑ひ話／海彦山彦／加藤清正

年長組　時話・観話その他

天長節／靖國神社／日本海の海戦／日本海の海戦／庭の大銀杏について／梅雨の話／東京市の話／秋季皇霊祭／月の話／星の話／皇太后様の御事／富士山の話／神嘗祭／明治天皇の御事／七五三について／新嘗祭／學校の歴史／皇太子様の御事／大正天皇祭／皇室のお話／暦のお話／觀兵式／世界各國の國旗／建國の話／神武天皇／地久節／陸軍記念日

東京女子高等師範学校附属幼稚園編『改訂版 系統的保育案の實際』日本幼稚園協会、1941年より

第3節 「生活の中でのことば」に関する保育内容

(1) 明治期から昭和初期

　明治期前半の保育では、お話を聞くことだけでなく、「読ミ方」「書キ方」といった小学校教育に近い形で「ことば」が取り扱われました。保育者の道徳的な話を聞くことが中心でありながらも、やがて、どれだけ文字を読めるか、何字書けるかといったことが関心事となっていきました。

　これに対し、明治期後半になると、「ことば」は生活や遊びの中において大切にされるべきではないかといった考え方が出てきました。このような考え方の変化は、大正期から昭和初期に保育現場で顕著になっていきました。

(2) 昭和期から現在

　保育要領［1948（昭和23）年］では、生活の中でことばを育てることの大切さが述べられています。たとえば、「園の時間はすべて言語の教育に利用することができるであろう」、「幼児に正しいことばを聞かせてやると同時に、幼児自らが話をするように指導することもまたたいせつである。それには、幼児に話をする必要を誘発してやる。親しみのある態度をもって、幼児に興味のあることがらについて話しかけてやる」、「なかまどうしの会話に参加する機会を作ってやる」などと書かれています。

　幼稚園教育要領［1956（昭和31）年］では、幼稚園教育の具体的な目標に「経験したことや自分の思うことを、ひとに話せるようになる」「ひとの話や話合いを、じょうずに聞くようになる」と示され、生活の中で話すこと・聞くことの重要性が明確になりました。さらに、1989（平成元）年には、話すことと聞くことが関連し合って、ことばが培われるという視点から、領域「言葉」のねらいに「伝え合う喜びを味わう」ことが加わりました。

　現在の幼稚園教育要領、保育所保育指針では、①子どもが自分の気持ち

Chapter ❷ 保育内容としての「ことば」の歴史

| コラム | Column |

領域「言葉」の経過について

　幼稚園教育要領・保育所保育指針における領域「言葉」の内容の変化を考えてみましょう。領域「言葉」の内容については、以下のような長い経過がありました。
　戦後の保育要領以後、幼稚園教育要領と保育所保育指針が改訂・改定されてきた経過を整理しておきます。

幼稚園教育要領の改訂	保育所保育指針の改定
保育要領1948（昭和23）年	保育要領1948（昭和23）年
↓	↓
幼稚園教育要領1956（昭和31）年	
↓	↓
幼稚園教育要領1964（昭和39）年	保育所保育指針1965（昭和40）年
↓	↓
幼稚園教育要領1989（平成元）年	保育所保育指針1990（平成2）年
↓	↓
幼稚園教育要領1998（平成10）年	保育所保育指針1999（平成11）年
↓	↓
幼稚園教育要領2008（平成20）年	保育所保育指針2008（平成20）年
↓	↓
幼稚園教育要領2017（平成29）年	保育所保育指針2017（平成29）年

　これを見ると、保育要領（1948年）が、スタートラインとして共通していることがわかります。そして、幼稚園教育要領が改訂されると、その一年後に保育所保育指針が改定されてきた経過があります。さらに2008年には、幼稚園教育要領と保育所保育指針とが、同時に新しく変更されました。保育所保育指針は、局長通知でガイドラインという性格から、厚生労働大臣による告示となったことも大きな変化です。
　保育要領は、戦後間もない1948（昭和23）年「幼児教育の手引き」として文部省より出されました。子どもの自発性を重じる子ども観をもつ占領軍の担当者ヘレン・ヘファナン（H.Heffernan）の助言があったと言われています。そして、「幼児の保育内容――楽しい幼児の経験」として、新しい保育の方向が示されたことも注目されました。以下の保育12項目が出されましたが、言葉に関わるものとしては、「お話」「ごっこ遊び・劇遊び・人形芝居」などが示されていました。

保育要領の12項目
　1．見学　2．リズム　3．休息　4．自由遊び　5．音楽　6．お話　7．絵画　8．製作　9．自然観察　10．ごっこ遊び・劇遊び・人形芝居　11．健康保育　12．年中行事

を伝えたいと感じ、言葉を使って表現する楽しさを味わうこと、②人の話を聞きながら、自分自身も考え、伝え合う喜びやおもしろさを味わうこと、がねらいに位置づけられています。保育者が幼児を集めて、お話をすることだけでなく、生活の中で幼児が聞いたり話したりする場面も大切にしていかなければなりません。

第4節　幼稚園教育要領・保育所保育指針における領域「言葉」

　ここで、現行の幼稚園教育要領と保育所保育指針の「言葉」にかかわる部分を紹介しておきます（原文は次ページ以降を参照）。

　幼稚園教育要領の領域「言葉」では、2008（平成20）年版と2017（平成29）年版の違いとして、「ねらい」が、次のように変化しています。

> 「日常生活に必要な言葉が分かるようになるとともに、絵本や物語などに親しみ、先生や友達と心を通わせる」（2008年版）
> ↓
> 「日常生活に必要な言葉が分かるようになるとともに、絵本や物語などに親しみ、言葉に対する感覚を豊かにし、先生や友達と心を通わせる」（2017年版）

　言葉に対する感覚を豊かにすることが、新たに追加されました。「内容」に変化はありませんが、「内容の取扱い」に次の項目が加わりました。

> （4）幼児が生活の中で、言葉の響きやリズム、新しい言葉や表現などに触れ、これらを使う楽しさを味わえるようにすること。その際、絵本や物語に親しんだり、言葉遊びなどをしたりすることを通して、言葉が豊かになるようにすること。

　保育所保育指針は、全体にかかわることとして、「養護」に関わるねらい及び内容が示され、さらに「保育の内容」として主に「教育」に関わる側面からねらい及び内容が示されています。「保育の内容」は、「乳児保

育」「1歳以上3歳未満児の保育」「3歳以上児の保育」によって区分され、それぞれのねらい及び内容、内容の取扱いが記述されています。「1歳以上3歳未満児の保育」「3歳以上児の保育」については、5領域での構成ですが、「乳児保育」では「健やかに伸び伸びと育つ」「身近な人と気持ちが通じ合う」「身近なものと関わり感性が育つ」という3つの視点で構成され、ことばに関しては主に「身近な人と気持ちが通じ合う」の中に位置づけられました。

　このように、領域「言葉」に関する指導には、さまざまな経過があります。現在の保育実践においては、保育内容である「ことばの世界」を幅広くとらえていくことが、ますます重要であると言えるでしょう。

◆乳児保育に関わるねらい及び内容　　　（保育所保育指針　第2章　保育の内容より抜粋）

身近な人と気持ちが通じ合う

受容的・応答的な関わりの下で、何かを伝えようとする意欲や身近な大人との信頼関係を育て、人と関わる力の基盤を培う。

（ア）ねらい

①安心できる関係の下で、身近な人と共に過ごす喜びを感じる。
②体の動きや表情、発声等により、保育士等と気持ちを通わせようとする。
③身近な人と親しみ、関わりを深め、愛情や信頼感が芽生える。

（イ）内容

①子どもからの働きかけを踏まえた、応答的な触れ合いや言葉がけによって、欲求が満たされ、安定感をもって過ごす。
②体の動きや表情、発声、喃語等を優しく受け止めてもらい、保育士等とのやり取りを楽しむ。
③生活や遊びの中で、自分の身近な人の存在に気付き、親しみの気持ちを表す。
④保育士等による語りかけや歌いかけ、発声や喃語等への応答を通じて、言葉の理解や発語の意欲が育つ。
⑤温かく、受容的な関わりを通じて、自分を肯定する気持ちが芽生える。

（ウ）内容の取扱い

上記の取扱いに当たっては、次の事項に留意する必要がある。
①保育士等との信頼関係に支えられて生活を確立していくことが人と関わる基盤となることを考慮して、子どもの多様な感情を受け止め、温かく受容的・応答的に関わり、一人

一人に応じた適切な援助を行うようにすること。
　②身近な人に親しみをもって接し、自分の感情などを表し、それに相手が応答する言葉を聞くことを通して、次第に言葉が獲得されていくことを考慮して、楽しい雰囲気の中での保育士等との関わり合いを大切にし、ゆっくりと優しく話しかけるなど、積極的に言葉のやり取りを楽しむことができるようにすること。

◆1歳以上3歳未満児の保育に関わるねらい及び内容

（保育所保育指針　第2章　保育の内容より抜粋）

※幼保連携型認定こども園教育・保育要領（第2章第2　満1歳以上満3歳未満の園児の保育に関するねらい及び内容）も同文。ただし「保育士等」は「保育教諭等」、「子ども」は「園児」と表記。

　言　葉
　　経験したことや考えたことなどを自分なりの言葉で表現し、相手の話す言葉を聞こうとする意欲や態度を育て、言葉に対する感覚や言葉で表現する力を養う。
（ア）ねらい
　①言葉遊びや言葉で表現する楽しさを感じる。
　②人の言葉や話などを聞き、自分でも思ったことを伝えようとする。
　③絵本や物語等に親しむとともに、言葉のやり取りを通じて身近な人と気持ちを通わせる。
（イ）内　容
　①保育士等の応答的な関わりや話しかけにより、自ら言葉を使おうとする。
　②生活に必要な簡単な言葉に気付き、聞き分ける。
　③親しみをもって日常の挨拶に応じる。
　④絵本や紙芝居を楽しみ、簡単な言葉を繰り返したり、模倣をしたりして遊ぶ。
　⑤保育士等とごっこ遊びをする中で、言葉のやり取りを楽しむ。
　⑥保育士等を仲立ちとして、生活や遊びの中で友達との言葉のやり取りを楽しむ。
　⑦保育士等や友達の言葉や話に興味や関心をもって、聞いたり、話したりする。
（ウ）内容の取扱い
　　上記の取扱いに当たっては、次の事項に留意する必要がある。
　①身近な人に親しみをもって接し、自分の感情などを伝え、それに相手が応答し、その言葉を聞くことを通して、次第に言葉が獲得されていくものであることを考慮して、楽しい雰囲気の中で保育士等との言葉のやり取りができるようにすること。

②子どもが自分の思いを言葉で伝えるとともに、他の子どもの話などを聞くことを通して、次第に話を理解し、言葉による伝え合いができるようになるよう、気持ちや経験等の言語化を行うことを援助するなど、子ども同士の関わりの仲立ちを行うようにすること。
③この時期は、片言から、二語文、ごっこ遊びでのやり取りができる程度へと、大きく言葉の習得が進む時期であることから、それぞれの子どもの発達の状況に応じて、遊びや関わりの工夫など、保育の内容を適切に展開することが必要であること。

◆3歳以上児の保育に関わるねらい及び内容

（保育所保育指針　第2章　保育の内容より抜粋）

※幼稚園教育要領（第2章　ねらい及び内容）も同文。ただし内容の「保育士等」は「先生」、内容の取扱いの「保育士等」は「教師」、「子ども」は「幼児」と表記。
※幼保連携型認定こども園教育・保育要領（第2章第2　満1歳以上満3歳未満の園児の保育に関するねらい及び内容）も同文。ただし「保育士等」は「保育教諭等」、「子ども」は「園児」と表記。

言　葉

　経験したことや考えたことなどを自分なりの言葉で表現し、相手の話す言葉を聞こうとする意欲や態度を育て、言葉に対する感覚や言葉で表現する力を養う。

（ア）ねらい
　①自分の気持ちを言葉で表現する楽しさを味わう。
　②人の言葉や話などをよく聞き、自分の経験したことや考えたことを話し、伝え合う喜びを味わう。
　③日常生活に必要な言葉が分かるようになるとともに、絵本や物語などに親しみ、言葉に対する感覚を豊かにし、保育士等や友達と心を通わせる。

（イ）内　容
　①保育士等や友達の言葉や話に興味や関心をもち、親しみをもって聞いたり、話したりする。
　②したり、見たり、聞いたり、感じたり、考えたりなどしたことを自分なりに言葉で表現する。
　③したいこと、してほしいことを言葉で表現したり、分からないことを尋ねたりする。
　④人の話を注意して聞き、相手に分かるように話す。

⑤生活の中で必要な言葉が分かり、使う。
⑥親しみをもって日常の挨拶をする。
⑦生活の中で言葉の楽しさや美しさに気付く。
⑧いろいろな体験を通じてイメージや言葉を豊かにする。
⑨絵本や物語などに親しみ、興味をもって聞き、想像をする楽しさを味わう。
⑩日常生活の中で、文字などで伝える楽しさを味わう。

（ウ）内容の取扱い

上記の取扱いに当たっては、次の事項に留意する必要がある。

①言葉は、身近な人に親しみをもって接し、自分の感情や意志などを伝え、それに相手が応答し、その言葉を聞くことを通して次第に獲得されていくものであることを考慮して、子どもが保育士等や他の子どもと関わることにより心を動かされるような体験をし、言葉を交わす喜びを味わえるようにすること。

②子どもが自分の思いを言葉で伝えるとともに、保育士等や他の子どもなどの話を興味をもって注意して聞くことを通して次第に話を理解するようになっていき、言葉による伝え合いができるようにすること。

③絵本や物語などで、その内容と自分の経験とを結び付けたり、想像を巡らせたりするなど、楽しみを十分に味わうことによって、次第に豊かなイメージをもち、言葉に対する感覚が養われるようにすること。

④子どもが生活の中で、言葉の響きやリズム、新しい言葉や表現などに触れ、これらを使う楽しさを味わえるようにすること。その際、絵本や物語に親しんだり、言葉遊びなどをしたりすることを通して、言葉が豊かになるようにすること。

⑤子どもが日常生活の中で、文字などを使いながら思ったことや考えたことを伝える喜びや楽しさを味わい、文字に対する興味や関心をもつようにすること。

コラム

保育は養護と教育の一体的営み

　保育所保育指針では、保育が養護と教育の一体的営みであることについて示されてきました。現行の保育所保育指針（2017年改定）では、養護と教育を次のように定義しています。

> 　保育における「養護」とは、子どもの生命の保持及び情緒の安定を図るために保育士等が行う援助や関わりであり、「教育」とは、子どもが健やかに成長し、その活動がより豊かに展開されるための発達の援助である。

　保育が養護と教育の一体的営みであるとは、どのようなことを意味しているのでしょうか。具体的な保育実践の一場面で考えてみましょう。たとえば、Aくん（2歳児）が床に座って、ズボンをはくことに挑戦しています。初めのうち、自分でしようとする気持ちがなかったのですが、友だちが自分の力ではけたのを見て、Aくんも気を取り直してチャレンジし、自分でできるようになり、大好きな保育士に抱っこしてもらいました。

　この場面は、基本的生活習慣の自立（着脱）だから、つまり「養護」の取り組みだ、などとはなりません。Aくんが自分で成し遂げていくには、保育士からの意図的な働きかけ（教育的側面）も関わっているからです。友だちが自分でやろうとしていることを、保育士はAくんに知らせています。

　このように、保育実践の一つひとつの場面において「養護と教育の一体化」を読み取ることが重要なのです。実践経験のない学生の場合、実践的に理解すると言っても簡単ではないでしょう。しかし、まずは「養護と教育の一体化」という視点を持ち、保育の意味を探究してほしいのです。

第3章 「ことば」の育つみちすじ

　子どもの育ち全般に共通のことですが、ことばの育ちにも個人差があります。ことばの育ちを考える上で大切なことは、「○ヶ月になったから○○ができるようになった」ということではなく、ことばの育つみちすじにそって育っているかということです。決して、他の乳幼児と比較せず、○ヶ月ということばに必要以上に振り回されることなく、個々の乳幼児の育ちのみちすじをしっかりと援助してください。

第1節　ことばを話す前に〜0歳児のことば〜

　話しことば（意味あることば）を獲得する前の乳児は、話しことばの代わりにどのようにして気持ちを表現しているのでしょうか。また、乳児が話しことばを獲得するために、私たち大人には何ができるのでしょうか。
　誕生から2、3歳頃までが、子どもがことばを獲得する過程で重要な時期だと言われています。この期間の親しい養育者とのやりとりから、子どもは人のぬくもりや安心を感じとり、同時にことばも獲得していくのです。特に、誕生から1年までの乳児（生後1年くらいまでの小児のこと）は、まだことばを話す準備が整っていない分、さまざまなサインで気持ちを表現しようとします。赤ちゃんのサインに気づける養育者になるということは、子どものことばも育んでいるとも言えるのです。
　では、このような乳児は、話しことばの代わりにどのようにして気持ちを伝えようとしているのか考えてみましょう。

(1) 泣く（cry）

=乳児の気持ちになって考えてみましょう=

【事例3－1】
　乳児が泣いています。乳児が泣くことにはどのような意味があるのでしょうか？

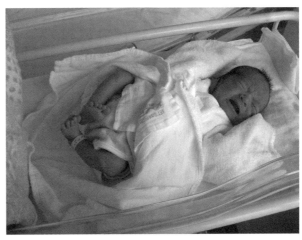

誕生4日目の新生児

　"赤ちゃん（乳児）は泣いている"というイメージがあります。事実、乳児はよく泣きます。泣いて気持ちを表現しているのです。新生児（生後28日未満）の時期は、生理的な不快感（おなかが空いたり、オムツがぬれたりなど）が原因で泣くことが多いようです。乳児にとって"泣く"という行為は、不快を訴える手段であり誰かに来て欲しいと求める術でもあり、"ことばに代わることば"ととらえることができます。一方、お世話をする大人（養育者）はどのように対応をしているでしょうか？　ほとんどの大人は、「どうしたのかな？」などのことばをかけながら泣いている乳児のもとへ行き、泣きの原因を探り、取り除こうとします。このとき乳児は、お世話をしてくれる"この人"の声や表情、しぐさの感じを覚え、特別な存在としてとらえていきます。声には、その大人独特のリズムや抑揚があります。とりわけ、マザリーズは、乳児にとってうれしい語りかけです（コラム p.33）。乳児は声が聞こえただけで、特定の大人が来てくれることがわかり安心します。話すことはまだ不十分な乳児ですが、大人の声をしっかり聞いているしるしです。赤ちゃんをあやしましょうとか、お世話をするときにはことばをかけながら行いましょう、乳児に代わって気

持ちをことばで表現しましょう（代弁しましょう）などと言われますが、大人の都合で行う一方的な行為とならぬように配慮したいものです。乳児は大人からの働きかけをしっかりと受け止め、自分が話せるようになるときのためにしっかりと身体に蓄えているのです。当然のように見える育児行動こそが、実は、話しことばを誕生させる土壌となっているのです。

(2) 笑う（smile, laugh）

＝写真を見て考えてみましょう＝

【事例3-2】
　乳児の笑い（微笑）はことばの育ちとどのような関係があるのでしょうか？

およそ生後2ヶ月児

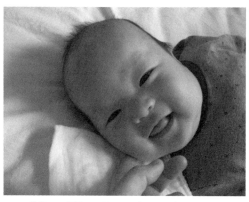
生後3ヶ月児。お母さんの顔を見て笑っている

　笑いは、人間特有の表情形態であり、人間関係を成立させる手段の一つです。怒っている顔の人には近づきがたいものです。
　乳児の笑いは、大人からの愛情のこもった笑顔によって誘発されます。笑顔が出るということは、この人と一緒にいて楽しいという気持ちの表れ

でもあります。自己信頼、他者信頼が育まれている証と考えられます。
　ところで、誕生したばかりの乳児が声を出して笑っている様子を見たことがあるでしょうか？　実は、乳児は誕生直後から声を出して「アハハハ」と笑えるわけではないのです。のどの構造が大人とは異なるので、声を出す準備が整っていません*。よって乳児は声を出したくても出せないのです。実は、笑いには月齢にそった段階があります。
　最初に現れる笑いは、「生理的微笑」あるいは「新生児微笑」といい、およそ生後2週間頃に見られます。対象のない笑いです。眠っている乳児が微笑んだりしていることがありますが、それは本能の働きによるものなのです。弱い生き物である乳児が、大人に可愛がって育ててもらうための

*資料3 p.39参照

| コラム | Column |

マザリーズ（Motherese）

「あら、笑っているのぉ？　うれしいのかなぁ？」
「そんなに泣いて、どうしたのぉ？」
「気持ちいいわねぇ」

　まだことばを話せない赤ちゃんに話しかけているお母さんの語りかけ方には、特徴があります。その独特なことばかけを総称して「マザリーズ」（Motherese）と呼びます。JapaneseやChineseのように、Motherにeseをつけた「お母さんの語りかけ」という意味のことばです。マザリーズは、言語文化圏を問わず次のようなことばであると言われています。

・普通の話し方より少し高い声で話す
・ことばの抑揚を大きくする
・同じことをくり返して話す
・ゆっくり、間をとって話す
・微笑みながら話す

　人の赤ちゃんは生まれながらにして、マザリーズを聞くと「うれしい」と感じるような聴覚の性質を備えています。また、マザリーズで語りかけたほうが、赤ちゃんが母親の語りかけのパターンを模倣することが多いことがわかっており、マザリーズは赤ちゃんに模倣をうながす働きをしているとも考えられています（正高信男『0歳児がことばを獲得するとき』中公新書、1993年）。多くの女性は、赤ちゃんを産まなくとも赤ちゃんを見ると、マザリーズに近いことばを発すると言われています。マザリーズは、女性に限ったものではありません。お父さん（男性）が赤ちゃんに語りかければ、ファザリーズと言えるのです。

生理的な微笑みと考えられています。

　生後2ヶ月頃になると、「誘発的微笑」が見られるようになります。鈴の音や人の声などの外的な刺激によって起こる笑いです。

　3ヶ月頃には、人の顔に対して笑うようになります。相手と気持ちがつながりあっていることを意味します。この快感情の共有は、コミュニケーションを支える基礎となります。笑いという乳児の思わぬ行為が、話しことばへの育ちと関係しているのです。

　首がすわってくると（3〜4ヶ月頃）、ようやく笑い声が出てきます。おはしゃぎあそびやふれあいあそび*を通してたくさん声を出して笑いましょう。あやされたり笑ったりすることで手足の動きが活発になり声もよく出るようになります。遊びながら笑い、発声する力も養っているのです。

*「いない　いない　ばー」や「ちょち　ちょち　あわわ」、乳児を抱いて「たかい　たかい」をするなど、乳児が嬉しくて手足をバタバタさせてはしゃぐ遊びのこと（本書p.129〜参照）

（3）視線の共有

【事例3-3】気持ちの交わしあい
女児Oちゃん（10歳）：（Yくんを見ながら）「Yくん、つるつるしていて気持ちいいね。いい子いい子」（と言って、頭やおでこや手などをなでる）
Yくん（9ヶ月児）：（Oちゃんを見て嬉しそうに）「ンー・ンー・ンー」

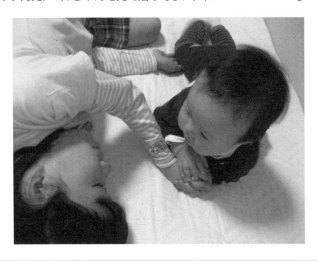

　"目は口ほどに物を言う" "目を細める" "目をまるくする" など、目にまつわることわざはたくさんあります。それほど目の働きは、人の気持ちを反映するものなのです。この目の働きは、乳児期、つまり話しことばの基礎となる時期のコミュニケーションにおいても、大切な役割を果たして

います。目と目を合わせることなどは、互いに気持ちを交わしあう力と言っても良いでしょう。

　私たち大人も相手の目を見て話しますが、それはやはり、話しことばだけでは伝わりきれない気持ちを伝えよう、相手の気持ちを理解しようとするからだと思います。

　さて、見る力は新生児からあります。新生児は養育者に抱かれて授乳される距離（およそ30cm）であるならば、養育者の顔が見えていると言われています。小さく頼りなく無力に感じる新生児ですが、実は生まれたその瞬間から、人として生きていくために必要なさまざまな能力を発揮しているのです。抱っこされたり授乳されたりしながらも、乳児は自分に愛情を注いでくれる人をしっかりと目で見、肌でも感じて確認しているのです。

見つめ合い

　生後3ヶ月頃になると、視覚的選好と言い、興味を持ったものをじっと注視することができるようになります。さらに、乳児と見つめ合っている大人の目が移ると、乳児も視線を移して大人の見ている方を見ようとします。これを「視線の共有」と言います。たとえば写真のように、大人と乳児がお互いに見つめ合っています。仮に大人が、視線を乳児からそばにいる犬に移すと、乳児も犬の方へと視線を移します。大人の注視したものに乳児も関心を向けることができるようになってきていると考えられます。相手と視線を共有しながら、同一の対象を見る能力が備わってきたのです。「視線の共有」は、この後に現れる指さした方向を見るという力にもつながっていきます。

乳児のことばの育ちは、大人のかかわりと乳児自身の育ちの絶妙な連携のたまものだと言えるでしょう。
　話しことばはなくとも、笑いや視線を共有することで心は通じ合えるのです。話しことば以前のことばと言えます（**コラム** p.37）。

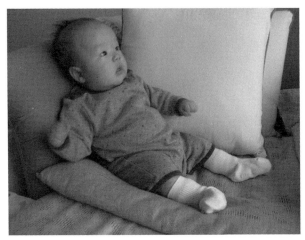

おそらになにかがあるぞ

（4）喃語（bubbling）

　生後1、2ヶ月頃になると、機嫌が良く目覚めているときに「アー」とか「クー」といったのどをならすような、クーイング（呼吸にともなう偶発的な発声。鳩音とも言う）が、発せられるようになります。このクーイングを聞くと、大人は「んー？　おはなししているの？」などと思わず応答してしまいます。
　3ヶ月頃になると、特定の大人の語りかけに応えるように乳児は手足をバタバタ動かしたり、喃語（音の高さや長さなどを赤ちゃんが調音した発声）で返答することが多くなってきます。この時期には「ア ウ エ オ」などの、母音に近い発声がされます。
　5、6ヶ月頃になると「ババ」「ブブー」「アブァー」「パ」「マ」などの、唇を合わせて発音する音（両唇音）が出やすくなってきます。ときには、「ババババ」といったくり返しの発声（反復喃語）が発せられるようになります。
　乳児が喃語を発するのは、①人に対するコミュニケーションを目的としている場合、②自らの発声器官・聴覚器官の働きを楽しむ場合、③快感情

を全身で表出する際にともなって発せられる場合、などさまざまです。どの場合も乳児の周囲に大人がいるときの方が発声が多く聞かれます。人がいるからコミュニケーションをはかりたくて喃語を発するのです。

　6ヶ月頃を過ぎると、特定の大人との間で喃語を使ったコミュニケーションが盛んに行われるようになります。この時期は、「バババババ」とか「ママママ」「パパパパ」というような反復喃語のように長く連続する喃語や「アブブブブブー」「アムアムアム」といった違う音声の組み合わせや、それとは反対の短い喃語などが聞かれるようになります。月齢と共に喃語のレパートリーも増えていると考えられます。発声も、大人が話すことばの発声に近くなってきます。

　8ヶ月近くになると、親しい大人の単純な語りかけ（「○○ちゃん、こんにちは」「おさんぽにいこうね」など）や、慣れた場面（たとえば着替えや食事）でのことばを理解できている様子がうかがえます。「そろそろごはんにしましょうね。マンマよ」などと声をかけると、食卓を目指してハイハイをする様子などが見られます。

　10ヶ月くらいになると、「アジャ」「アダ」「ウグッ」「ダーダー」「ダダッ」などという発声もできるようになり、おしゃべりをしているかのように聞こえます。「お話ができるようになったみたい」と感じられるようになるのもこの時期です。また、お母さん（養育者）が話しかけることばを真似し始める時期でもあります。話しかけられたことばを真似してすぐにくり返す乳児もいます。たとえば「マンマ」（この時期の赤ちゃんにとっ

コラム　　　　　　　　　　　　　　　　　　　　　　　　　Column

程よい関係を大切に

　乳児は何もわかっていないだろうと、大人の一方的な解釈で、乳児と養育者との心のふれあいや皮膚のふれあいを極端におろそかにしてしまうと、子どもが少し大きくなってから視線が合わない、コミュニケーションがとりにくいなどの様子が見られることがあります。一方、「子どもとしっかりふれあわなくちゃ」と、子どもとのかかわりを「〜ねばならない」で縛ってしまい、思った通りに子どもが反応してくれないと、不安と焦りに襲われとても窮屈な気持ちになってしまいます。大人と同じような振る舞いこそできませんが、乳児は乳児なりにさまざまなことをわかっています。そして、乳児も私たち大人と同じように、一人の意志ある人間です。ですから、極端すぎず、お互いが幸せだと感じられるようなリラックスできる程よい関係を、乳児とのかかわりでは大切にしたいものですね。

ては発音しやすい音）という発声ですが、「マンマンマンマンマン……」と続く発声が多い中に、ときどき「ンマ」「マンマ」と言って、周囲の大人を驚かせます。赤ちゃんは、必ずしも食べ物をさして「マンマ」と言っているとは限りません。ですが、お母さんが「はい、マンマよ」「マンマたべたいの？」などと言いながら食べ物を差し出すようなやりとりのくり返しによって、乳児の中で「マンマ」という音声と「食べ物」が結びつき「マンマ」の意味を生活の中で学んでいくのです。

　このように考えていくと、喃語は"語"のうまれる前ぶれと考えることができます。

（5）構音器官の発達

　笑い声は、およそ生後3～4ヶ月頃から聞かれると先述しました。なぜ生まれてから3ヶ月もしないと声が出てこないのでしょうか。

　その理由の一つは、のどの構造にあります（**資料3**）。話すために必要な「音」を作り出すしくみが、乳児ののどには備わっていません。生後3～4ヶ月になって声を出して笑えるようになるということは、のどが発達したしるしと考えられます。われわれ大人は、なにげなくことばを話していますが、実はこれはのどや口、脳の微妙な連携プレーのたまものです。乳児は、生まれてから1年もの期間を費やして、話すために必要な発声（クーイング、喃語、笑いなど）を練習しているのです。ことばを話すまでにはこんなにも時間がかかるのです。

（6）指さし（pointing）と三項関係

　指さし（pointing）とは、いまここにないものを、指を使って「あれだよ」と指し示す行為のことです。子どものことばの育ちにとって重要な行為の一つです。たとえば、空を飛んでいる飛行機をお母さんが指さして乳児に伝えようとしたとします。お母さんの指しか見ることのできなかった乳児も、生後6ヶ月頃になると、お母さんの指そのものではなくお母さんが指さす方向へ視線を移すことが可能になってきます。生後1年前後になると、今度は乳児自らが興味・関心のあるもの（人）に向けて指さしを行い、「ほら、見て」と言うかのように相手の注意を求めるようになります。

Chapter ❸ 「ことば」の育つみちすじ

「パパ、カメラだよ！」1歳4ヶ月児

　乳児が指さしをしたとき、大人はどのようにかかわっているのでしょうか。ほとんどが「～あったね」「○○よ」などと、物の名前を言ったり、「これは何だろうね？」といったことばで応答します。指さしは、子どものことばにならない「あっ、あっ、あっ」という音声と、それに応答するような大人のことばをともなっているのです。この行為がくり返されることによって、子どもは、物にはそれぞれ名前があることを学んでいるのです。

　さらに、大人が「○○ちゃん、お鼻はどこ？」と尋ねると、それに答えるように自分の鼻をさす「可逆の指さし」をするようになります。保育や育児をしていると、お話はできなくても、大人の言うことをよく理解して

資料3　大人と新生児ののどの比較

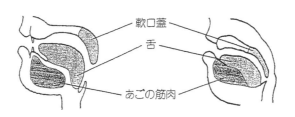

大人ののど

口の奥の空気が、声帯から生じる空気の振動を共鳴させる働きを担う。また、音声をつくる口の中の粘膜や舌の筋肉も十分に発達している。

新生児ののど

舌やあごの筋肉が未熟で、音の調整のような細かな運動ができない。また、鼻と口の境目の軟口蓋がのどの奥まで達していて、共鳴のためのスペースも不十分。

小西行郎監修『子どもの心の発達がわかる本』講談社、2007年、p.55より

いるなあと感じることがあります。子どもは、話すことをする前にことばを理解し、話すための準備をしているのです。

このようにして、大人が指し示す事物を子どもはわかるようになります。また、子どもが指さしたものに対して大人がことばを添え、コミュニケーションを豊かにもしていきます。

「大人―子ども―事物」の関係を認識できること（三項関係）は、視線を共有していた頃よりも世界が広がり、話題が豊かになり、ことばの育ちにとって大切なことなのです。

（7）ことばの発生と理解〜直立二足歩行とことば〜

> 【事例3-4】Yくんのおんぶ紐（ひも）
> Yくんがまだ1歳にならない頃の出来事です。Yくんのお母さんとYくんのおばあちゃんとで夕食の買い物の話をしていました。その会話を聞いていたYくんが、おんぶ紐を指さして「ンー、ンー」、「ブ」としきりにお母さんとおばあちゃんに訴えかけていました。Yくんのこの様子に、お母さんもおばちゃんも「大人の会話をよく聞いて、わかっているのね」と感心させられてしまいました。

乳児期後半（生後6ヶ月以降）になると、おすわり、ハイハイ、つかまり立ち、つたい歩き、と次第に活発に動き始めます。そして、1歳前後から1歳3ヶ月頃にかけて、歩き始めます。いよいよ、人間としての第一歩、歩行の開始です。少し先では、「○○ちゃん、おいで」と親や保育者が手を広げて待っています。「いっぽ、にほ」と進むかと思うと、転んでしまいます。でも、大人の手やエプロンにつかまりながら立ち、また「いっぽ、にほ」と歩き始めるのです。歩行開始の時期は個人差がありますが、やがて完成へ向かいます。

この時期、ことばが多く出始めることに注目してください。保育者が「○○ちゃん、ほらほら、あそこ見てごらん、わんわん、いるよ」などと言います。こうした働きかけにより「わんわん」ということばを発し始めるのです。この直立二足歩行とことばの獲得は、大事な発達課題とされています。子どもが生活する世界が大きく広がること、また立って歩けることで、手指も自由になり、さまざまな行動も可能となります。大人たちの働きかけにより、ことばが発生し獲得されていくのです。

子どもが、あることばを言えるようになるためには、そのことばを理解していなければなりません。日々の生活の中でくり返した経験や、それに

ともなう大人のことばによって子どもは「モノ」と「ことば」を結びつけて理解できるようになっていきます。

資料4を参照してください。まず、"わかることがら"（たとえばおんぶ紐でおぶわれたという経験）が土台となり、その上に"わかる言葉"（おんぶ紐）が重なります。ここまでの準備が、子どもの内部で整って初めて"言える言葉"（話しことば）として外部に登場するのです。コップの水をあふれさせるためには、コップいっぱいに水をためなければならないのと同じです。一つのことばが言えるまでには、何十ということがらとことばを子どもは理解しているのです。しゃべれないから何もわかっていないのではありません。たくさんのことがらをわかって初めてしゃべる準備が整うのです。

乳児は、泣いたり笑ったりなどの段階で準備が整い、初めて意味あることば（初語・一語文）を発する段階へと移っていきます（ことば以前の時期から話しことばの時期へ）。初語の出現までに、これだけ多くの、生きていく上で基礎となる大切なことを経験するのですから、冒頭のコラムに挙げたヨーロッパの王様の実験の例で、乳児が皆死んでしまったというのも納得してもらえると思います。人間にとって"されどことば"なのです。当然のことですが、私たち大人は乳児の身体全体から発信されているメッセージを、愛情をもって受け止め、それに丁寧に応じていくことが、乳児の近い将来うまれる豊かな話しことばにつながることを意識する必要があります。

資料4　ことばの土台

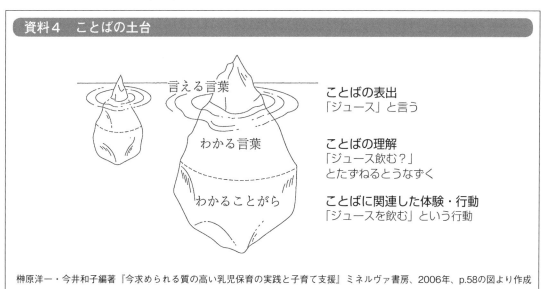

榊原洋一・今井和子編著『今求められる質の高い乳児保育の実践と子育て支援』ミネルヴァ書房、2006年、p.58の図より作成

第2節　ことばを話せるようになってから
　　　　～1・2歳児のことば～

（1）話しことばのはじまり

　第1節で述べたように、話しことばが出現するまでには長い時間が費やされ、ことばを話せるための準備が行われています。そうして生後およそ1年頃に、生まれて初めての意味あることば、「初語」の出現にたどりつきます（資料5）。話しことばの誕生です。
　「話す」という行為を、私たち大人はなにげなく行っています。しかしよく考えてみると、話すという行為にはさまざまな要素が含まれていることがわかります。すなわち話すということは、
　①その意味をあらわす音声を、相手にわかるように発すること
　②そのことばのもつ概念や、どのような場合に使うのかというニュアンスが理解できること
　③話す内容を考えられること
　④話しながら自分の考えをまとめられること
などを同時に処理しながら、行っていることなのです。また子どもも、これらのことを日々の生活の中で体得しています。つまり子どもは、私たち大人が日々話している様子から、「話す」ことを学んでいると言えます。
　言語形成期は生後から10歳前後までと言われています。ことばの土台が確立される時期と考えてもいいかと思います。ことばの育つみちすじは、さまざまな研究者が明らかにしていますが、ここでは、大久保愛の研究を中心にまとめます。

❶1歳前後〈一語文の時期〉
　この時期の子どもは、ジャルゴン（jargon：わけのわからないことばの集まり）をしきりに言います。ジャルゴンは、イントネーションが複雑になった喃語のようなもので大人の話しぶりとそっくりなため、聞いている大人が思わず相槌をうってしまいます。あえて表現してみるならば、「○▲×※◎■●△※……」といったところでしょうか。意味はわかりません

が、話をしているように聞こえるのです。このジャルゴンは、喃語と同様に、子どもの機嫌の良いときに聞かれます。喃語は"語"の生まれる前触れと言いますが、ジャルゴンは、子どもに"文"がうまれる前触れとも言われています*。またこの時期の子どもは、一語文に先立って初語が出現します。初語とは、前述したように、生まれて初めて発した意味あることばのことです。初語が「ママ」だったという子どもが多いということは、みなさんも聞いたことがあると思います。初語の出現以降、子どもは一語文を使って自分の思いを伝えるようになります（資料5）。「ブーブー」（自動車）ということばを例に考えてみましょう。この時期の子どもは、「ブーブー」という一語を使って、「自動車に乗りたい」「自動車が来たよ」「この自動車好きなんだ」「同じ自動車を見たことあるよ」などというように、文のような意味を表します。このときの「ブーブー」は状況依存語で

*小西輝夫「幼児の言語発達」『児童精神医学とその近接領域』1号、日本児童青年精神医学会、1960年

資料5　初語の例／一語文の例

順位	単語	平均獲得月齢	順位	単語	平均獲得月齢	順位	単語	平均獲得月齢
1	まんま（ごはん）	15.4	18	ないない（片づける）	18.1	35	できる／できた	19.8
2	おっぱい	15.5	19	バナナ	18.2	36	チョウ	19.9
3	いないいないばぁ	15.5	20	ブーブー（車）	18.5	37	ばあば／おばあちゃん	20
4	ママ	15.6	21	アンパンマン	18.8	38	牛乳／ミルク	20
5	はーい（返事）	15.8	22	いや／いやだ	18.9	39	おいで	20.2
6	ワンワン（犬）	15.9	23	おいしい	18.9	40	なに／なんで	20.3
7	ねんね（寝る）	16	24	じいじ／おじいちゃん	18.9	41	電車	20.3
8	パパ	16	25	お茶	18.9	42	かわいい	20.4
9	バイバイ	16.3	26	ごちそうさま	19.3	43	ゾウ	20.8
10	よいしょ	16.5	27	これ	19.3	44	ジュース	21
11	どうぞ	17.5	28	だっこ	19.4	45	こわい	21.5
12	お母さん	17.6	29	あっち	19.4	46	行く／行った	21.8
13	お父さん	17.7	30	ありがとう	19.4	47	キリン	22
14	ニャンニャン（猫）	17.7	31	ちょうだい	19.6	48	赤	22
15	くっく（靴）	17.7	32	きれい	19.7	49	お帰りなさい	22.5
16	ある／あった	18	33	おしっこ	19.7	50	大きい	23.1
17	痛い	18	34	あつい	19.8			

ウェブ日誌法による最初の50語の特定（小林哲生『0～3さい はじめての「ことば」』小学館、2008年、p.82）
注）平均的に早く言えるようになった順に50語を並べ、初語の大まかな傾向を示したものであり、子ども一人ひとりの発達過程を予想するものではない。

食べものが欲しいとき　「マンマ」
パパと遊びたいとき　「パパ」
犬の散歩を見て　「ワンワン」
自動車の往来を見て　「ブーブー」
カラスが飛んでいるのを見て　「カーカー」
ヘリコプターが飛んでいるのを見て　「ブンブン」
クレーン車が動いている様子を見て　「ガーガー」
だっこをしてほしいとき　「アッコ」
いけないことをしたとき　「メッ！」
おつきさま・おほしさま・おひさまを見て　「マ」
うんちの図鑑を見て　「ウンウン」
水道から水が出る様子を見て「ジャージャー」（写真）
物を片づけるとき　「ナイナイ」
人と別れるとき／飛行機を見送って　「バイバイ」など

「ジャージャー」1歳2ヶ月

あり、子どもが何を意味して「ブーブー」と発したのかは、そのことばが発せられた状況で判断することが必要となります。ドイツの心理学者シュテルン（Stern, W）は、一語から成って文の役割を果たしている文という意味で「一語文」と名づけました。そして、1歳前後の時期は、子どもはこのような一語文を使うことが多いので、ここでは、「一語文の時期」と呼ばれています。この時期は、周囲の大人のことばの音声を模倣し、使われている状況も学習している時期なのです。大人のことばに子どもは常に耳を傾け、学んでいるのです。

コラム（過度拡張・過度縮小）本書p.63参照

❷1歳半前後〈二語文の発生〉

1歳半前後になると、二語（単語＋単語）で自分の要求や気持ちを表現するようになります。「ブーブー」（自動車）を再び例にします。自動車に乗りたいということを「ブーブー」一語で表現するのではなく、「ブーブー　ノンノ」と、二語で言えるようになってくるのです。

　一語文から二語文になるまでのみちすじはおおよそ以下の通りです＊。
・一語を重ねる言い方　例：「ニャンニャ　ニャンニャ」
・述語の部分に終助詞「ノ」「ヨ」をつける　例：「ホチイノ」「イヤヨ」
・「してくれ」の意味で「〜て」をつけて要求を表す　例：「トッテ（取ってちょうだい）」「ダッコッテ（抱っこして欲しい）」
・呼びかけのことばが一語の上につく言い方　例：「ママ！　ブーブー」

＊大久保愛『幼児のことばとおとな』三省堂、1977年より引用

子どもは、このようなみちすじをたどって徐々に二語文が話せるようになります。二語文は、一語文が使えるようになってから半年ぐらい後に使えるようになってくるのが平均的と言われています。

コラム（語彙の増加）本書p.63参照

二語文が使えるようになっても、それは二語から成る構造の文が誕生したというだけです。二語文が使えるようになってまもなくは、発することばもそれに対する場面がないとわからないこともあります。つまり、やはりまだ状況に依存していると言えるでしょう。その後徐々に、自分の思いをことばで表現するためには、その現象をどのように切り取ってことばとして形にすればよいのかという発想の枠組みを学んでいきます。

大久保は、アメリカの言語学者ブルームフィールド（Bloomfield, L）の考えを引用し、二語文が使えるようになったということは、幼児が文法（ことばのしくみ）を理解した始まりであると考えられると述べています＊＊。子どもの「パパ、カイシャ（パパは会社に行ったよ）」「バーバ、ネンネ

＊＊大久保愛、前掲書、p.58

（おばあちゃんは、寝ているよ）」などの発話を聞いてみると、確かにめちゃくちゃな発話はしていないことがわかります。またチョムスキーは、文法の獲得は生得的なものであり、学習するものではないと提唱しています*。二語文の時期、つまり誕生から2年足らずで、子どもがすでに文法にのっとった話し方をしているということは、驚くべきことです。

*今井邦彦編『チョムスキー小事典』大修館書店、1986年、p56

> コラム　　　　　　　　　　　　　　　　　　　　　　　　　　Column

会話の増大

保育者：「Kちゃん、何をしてあそびたい？」
K（3歳1ヶ月）：「なにをしてあそびたい」
保育者：「どんなことがスキ？」
K：「どんなことがスキ」
保育者：「ぬりえしてあそぶ？」
K：「ぬりえすき」

　満2歳を過ぎて、文構造が複雑になり語彙数も増加してくると、会話が盛んになってきます。最初の頃は、子どもの会話の意図を汲みとったり、ことばを補足するなどの大人の配慮を必要としながらも、会話を楽しむようになります。場合によっては「何をしているの？」「どこが痛いの？」などと質問をしても子どもが答えられないことがあります。このような場合、5W1H［いつ（when）どこで（where）だれが（who）何を（what）なぜ（why）どうした（how）］式の質問をしても返事ができません。「お絵かきしているの？」「ひざが痛いの？」など、YES/NOで答えられるように質問をすると子どもは答えやすいでしょう。

内言と外言

　物事を考えるときにことばは欠かせないものです。ことばなしに物事を考えることはできません。子どもが遊んでいる様子をよく観察すると、「ココニ　アカヲ　ヌッテ、ココハ　ミドリヲ　ヌッテ、アレ？　ミドリガ　ナイ。ドコダ？」と、ひとりごとのように言いながら遊びをすすめている場面が見られます。誰かの反応を期待しないことばや、遊んでいるときのひとりしゃべりなどが、子どもには見られます。L.S.ヴィゴツキーは、思考と言語の関わりを研究し、このような子どものひとりごとは、思考の新しい道具であることを発見しました（ヴィゴツキー著／柴田義松訳『新訳版 思考と言語』新読書社、2001年）。この、思考の道具としての言語は、就学前までは「外言」として外部に直接表現されますが、就学期頃を境に「内言」として個々に各々の内部で働くようになります。要するに、ことばに出さなくても考えられるようになってくるということです。

❸2歳前後

　この時期の子どもの特徴として「コレ、ナアニ？」という質問が聞かれます。これは、ものの名前を知りたくて行う質問と考えられます。したがって、ことばの種類も急に増えてきます。大久保は「第一質問期」と呼びました。親や保育者などの身近な大人に質問することにより、子ども自身の身のまわりの人の名前、道具、食べものなどについて、ことばを増やしているのです（**資料6** p.59）。

　筆者が保育者だった頃に経験したことですが、「コレハ？」とよく質問をするMちゃんが、ある日保育園に訪れたお客さんを指さして「コレハ？」と私に質問をしたことを覚えています。「この方は、お客さんよ」と私は返答をしながらも、「コレハ？」と言われてどのように振舞ってよいのか困って笑っていたお客さんの表情が思い出されます。この時期の子どもは、ことばの獲得途上にあるため、モノに対しても人に対しても「コレハ？」なのだと改めて実感したものでした。

　この時期には、三語あるいは四語のことばを組み合わせて話すことができるようになります。その理由として、子どもが覚えた語彙数が多くなってきたことが考えられます。また、「～たら」「～から」という従属文を使って長くお話ができるようになってきていることも考えられます。「サビシイ」「カナシイ」「ウレシイ」などの感情をことばで表現できるようになってくるのも、この時期です。

（2）具体例から見ることばの特徴

　1歳児、2歳児は、自我が芽生えてくる時期であること、他人（友だち）への関心が見られることから、ことばの発達にも特徴があります。

　保育園の実態に目を向けてみると、1歳児、2歳児ともに年齢別に分けて保育しているところがあります。また、1歳児と2歳児をいっしょに保育する形態（混合保育）をとっている園も少なくありません。1歳児と2歳児とでは、もちろん発達段階の違いはありますが、ことばについては、個人差が大きいことも確かな事実です。ここでは、1・2歳児期のことばの特徴について、具体例を挙げながら、考えてみましょう。

Chapter ❸ 「ことば」の育つみちすじ

❶ことばからだけでは要求がつかみにくい

【事例3−5】A男児（1歳2ヶ月）

　水道の蛇口に手を伸ばして「あっあっ」と言います。水を出してもらっても、まだ不満な表情です。では、水を止めてもらいたいのかと、止めると泣いて怒り出してしまいます。それをくり返しながら、A児の要求がようやくわかりました。保育者が「ジャー」と蛇口を全開にして出してあげたら、「きゃっきゃっ」と笑ったのでした。

【事例3−6】B女児（2歳）

　「くつ、はかないですの!!」と何度も言います。友だちは、砂場ではだしで遊んでいます。そちらに目をやりながら、B児は何度も同じことを言いながら、泣きべそになりました。保育者が「外へ出てはだしになりたいの？」「お部屋の中で遊ぶの？」と聞いてみますが、いずれも違うようでした。結局のところ、B児の願いはわからないままでした。しばらくしてから、砂場で遊んでいる姿を見つけました。話し合いのとき、職員間で話題になり、他の保育者が靴をはかせてほしい様子だったので手伝ったとのことでした。

【事例3−7】C男児（1歳7ヶ月）

　おやつのとき、コップを持ちながら「ちゃ、ちゃ」と言うので、やかんの麦茶を入れてあげると、違うという表情をして、首を横に振りながら「ちゃ、ちゃ」とまた泣きます。それならばと、水道の水を入れてあげると、これも違うということで、「ちゃ、ちゃ」と泣き続けます。そんなことがくり返されました。数日後、わかったのは、たまたまこぼれそうになるくらい、コップについでしまったら、満足していたのです。たくさん入れてほしいという要求だということでした。

❷友だちのまねをよくする

【事例3−8】

D男児（2歳3ヶ月）「これまずい」（おやつの蒸しパンを手にしながら）

E男児（2歳）「これまずい」

F男児（2歳4ヶ月）「これまずいね」

（保育者が「これおいしいよ」というと、「べーだ」と言われてしまいました）

> 事例は、筆者が1歳児クラス、2歳児クラスを担当しているときの記録。日本保育学会口頭発表「A児、N児からみた2歳前半の言語発達について」（1989年）、「1歳児・2歳児前半の言語活動の特徴」（1991年）にもとづいている。

【事例3－9】
G女児（2歳5ヶ月）「あめふるとくるまとけるよ」
H女児（2歳6ヶ月）「あたしんちとけないのにねえ」
I女児（2歳5ヶ月）「ともんちもとけないのにね（保育者の方を向いて）と
　　　　　　　　　けちゃうよーだ」
H女児「とけちゃうよーだ」

❸ことばだけのひとり歩き──勘違いやまちがいもある
【事例3－10】J男児（2歳6ヶ月）
　「さみしい」を何度も連発します。室内でブロックで遊んでいるとき、また散歩の途中にも、いきなり「さみしい」などと言い出します。それをどう考えたらよいのかと思いました。また、散歩でみんなで「どんぐりころころ」の歌を口ずさんでいると、いきなり泣き出してしまいました。泣き出した理由がわからなかったのですが、夕方、保護者に様子を伝えたところ、ようやくわかりました。J児は「どじょうがでてきてこんにちは」のところで泣いたのですが、「どじょう」を「どぞう」と思い込んでしまったようでした。J児は、家でいたずらをして叱られるとき「土蔵に入れるぞ」と父親から言われたりすることがあったそうです。

【事例3－11】
K男児（2歳）「おーい、ふるとったー」（ヘリコプターのこと）
L男児（2歳）「あっピーポーだ」「ぼっしゃっしゃだ」（消防自動車のこと）

❹ことばを使いながら、問題を解決することもある
【事例3－12】
　外へ出て遊ぼうとしていました。M、N、Oの3人は、庭へ出るところで、M児の靴がないのに気がつきました。そのときの会話です。
M女児（2歳半）「Mちゃんのくつがない」（と困っている）
N男児（2歳半）「どこかなあ、どこかなあ」
O男児（2歳半）「どこかなあ、Mちゃんくつないねえ」
P男児（2歳半）「あるよ、あそこに」と教えてくれた。

　結局のところ、M児の靴を間違えてはいていたのはN児でした。しかも

それを見つけたのは、やや離れた砂場で遊んでいたP児でした。M児が「くつがない」と言って、N児もいっしょに探しますが、自分のはいている靴がM児の靴だとは気がつきませんでした。この間、それほど長い時間ではなかったのですが、保育者は手出しせずに、子どもたちだけで解決することができました。

❺ 2歳児のひとりごと──自分の世界にひたる
　最後に、2歳児（3歳頃）のひとりごとについて紹介します。

【事例3-13】Q女児（3歳）
　ひとりで人形を手にして保育室の端で座り込んでいました。なぜ、他の子たちと遊ばないのかと思いながら、近くへ行ってみました。Q児は、人形を片手に抱きながら、一人で何か話し込んでいる様子でした。
　静かに近づいて聞いてみました。断片的ですが、メモを紹介してみます。
　「おいしゃさん、いこうねえ、いたくないからねえ、ぱぱはいそがしいの。だからね、つれていってあげるからねえ」という具合に、長い話が続いていました。
　自分の覚えたことばや経験などをフル活用していることがわかりました。仕事で忙しく育児にあまりかかわらない雰囲気の父親の姿まで、伝わってきます。

　子どもの姿として、友だちの輪に入らないことが課題になることもあります。でも、一人で何を考えて遊んでいるのかを、大切に見ていく必要があると言えます。
　ひとりごとをどうとらえるかは難しい課題ですが、以下の指摘についても、詳しく考えてみたい課題です。
　2歳過ぎから、子どもの言葉の中には相手に話しかける言葉以外に、「ひとり言」や「歌や絵本の言葉」が聞かれるようになる。ピアジェは、これを「自己中心的言語」と呼んだ。一方、ヴィゴツキーは、通常の音声を伴う発話は「外言」で伝達機能が優位であるのに対し音声を伴わない心の中の発話は「内言」で思考や意味処理の機能が優位であるとし、ひとり言は外言から内言への発達の過渡期の言語活動とみなした＊。
　1歳児、2歳児のことばの特徴を、筆者の経験から具体的に見てきまし

＊金村美千子編著『乳幼児の言葉』同文書院、1998年、p.45

た。この時期のことばの特徴については、さまざまなアプローチがあります。たとえば今井和子は「他者とは違う自分なりの心の世界の誕生」「行動の広がりとイメージの育ち」「激しい感情表出と自律のめばえ」「語彙の増加と認識の育ち」などの視点から興味深い分析を行っています**。

**今井和子『子どもとことばの世界』ミネルヴァ書房、1996年

第3節　3歳児のことば

(1) 会話の成立

【事例3-14】親子の会話
母：「テーブルに置いたドーナツ、どこにいったか知ってる？」
M児（3歳児）：「ぼく、しってないよ」
母：「知ってないじゃなくて、知らないって言うのよ」
M児：「うん、しってない」

【事例3-15】ことばの言い誤り
・「スキクナイ」：「好きでない」の言い誤り
・「カワイソウクナイ」：「かわいそうでない」の言い誤り
・「コワイナイ」あるいは「コワイクナイ」：「こわくない」の言い誤り
・「シッテナイ」：「知らない」の言い誤り
・「ヒケラレル（弾けられる）」：「弾ける」の言い誤り

　話しことばが形成されるのは幼児期（1歳から小学校入学前まで）です。3歳頃になると会話が可能となります。会話とは、相互に相手に話題をなげかけ、その返答を期待するものです。ことばのキャッチボールと言えるでしょう。そのようなことが、3歳頃から可能になります。そして、5～6歳頃になると大人と対等に会話ができるようになると言われています。幼児期までに育まれた土台は、良くも悪くもその子どもの将来のことばの基盤となります。話しことばの時期も、その後にわたってことばを育むためには大切な時期となるのです。
　3歳前後になると、接続詞が使えるようになり始めます。「そして」や

「それで」などの接続詞を使い、文と文をつなぎ合わせて文章を構成できるようになります。そのために、一回の発話がとても長くなってくるのです。日常生活に支障のない程度のことばを獲得しているのもこの時期です。しかし、まだまだ大人に比べれば語彙数は少ないので、思っていることをうまくことばで表現できなくていらいらしたり、泣き出したりすることも多々あります。気持ちを十分にことばで表現できないので、けんかなどでは、思わず相手を叩いてしまう、物を投げるということもあります。そのようなときは、保育者が子どもに代わってなぜ泣いているのか、なぜ叩いたのか、その子の気持ちを代弁することで、子どもの気持ちが落ち着くこともあります。子どもは、そのような保育者のかかわりから、気持ちや状況に応じたことばを学んでいきます。

ささやき声が出せるようになるのもこの頃です。保育園や幼稚園などで読んでもらったお話を再生して話せる力もついてきます。また、幼児語（**コラム参照**）的な言い方は少しずつ減少してきますが、これは、大人が幼児に対して使用することばの使い方にかかっていると言えます。大人が必要以上に育児語を使用しなければ、子どもは徐々に使わなくなります。また、先に述べたように日常生活に支障のない程度のことばは獲得してい

コラム Column

育児語・幼児語

育児を行う保育者や親が子どもに対して、子どもが認知しやすく、発話しやすいように工夫された「ワンワン」「クック」などの話しかけのことば（幼児向けのことば）を育児語または幼児語と呼びます。育児語は、子どもに発音しやすい単純で短い語音からなり、何度もくり返し反復されて強調されていることが特徴です。たとえば、犬は「ワンワン」、猫は「ニャーニャー」、車は「ブーブー」、立つは「タッチ」、寝るは「ネンネ」などです。また育児語は、子どもの注意を引きやすく、理解しやすく、子どもに合わせた口調で、子どもの立場に合わせて話されることも特徴の一つです。

たとえば育児者は「Yくん、みて！ ブーブーきたよ。おおきいブーブーきたね。ブーブーバイバイ」（育児者の1歳1ヶ月の子どもへの語りかけ事例）というように、子どもに語りかけているのです。

子どもは幼児語を覚えて使用しますが、育児者が過剰に使用しなければ3、4歳頃には自然と成人語（大人が使うことば）に移行していきます。

ますが、ことばの使い間違いが多いという特徴が見られます（**事例3－15**）。大人からすれば言い誤りに見えるのですが、これは、大人の立場からの見方であって、子どもは子どもなりの文法の規則を持っており、それにしたがって無意識に発話をしています。ですから、子どもは誤りだとは思っていないのです。このような子どもに対して、大人が使用するような正しい発話に訂正させようとしても、効果は期待できません（**事例3－14**）。5～6歳頃から自然と大人と同じ文法に移行していきます。ですから、無理に訂正し、言い直しをさせるようなことは控えましょう。保育や育児を行う上では、子どもの話し方を訂正させることよりも、子どもの「お話がしたい」という気持ちを大切にすることを心がけましょう。無理やり訂正をしていると、子どもは「お話をしたい」という気持ちそのものをなくしてしまい、話さなくなってしまうことも考えられます。

（2）人とのかかわりと一体になったことば

【**事例3－16**】友だちへの親しみをことばで表す
　J子が砂場でE子たちと遊んでいる。F男が遅刻して登園する。
J子「F男ちゃーん、わたしのおうち、入っていいよ！」
F男は嬉しそうに「あっ、ありがとう」。
　室内で着替えたF男は、スチロール積み木で遊んでいるA男たちのところに興味があったようで、そこで遊ぶ。
　J子は、しばらくして、なかなか外に来ないF男に気づく。
J子「わたしのおうちであそんでいいのに……」
　と口にし、また砂場の遊びに戻る。
　数日後、B子が木片に砂をのせて弁当に見立てている。
　B子は普段あまり、友だちへの気持ちをことばにすることのない幼児である。
B子「J子ちゃんのおべんとうね、これ。どこにおいておこうかな……」
　J子が先ほどすのこ椅子を運んで座っていたのを思い出したようで、「J子ちゃんのいすのとこ、おいておこう」と置く。ここまでのことばは、J子には気づかれていない。
　5分程経ち、B子は「J子ちゃん、ここ、おべんとうおいておいた」とJ子に向かって言う。J子はあまり気づいていない様子である。それでもB子

はそれ以上言うことはない。

　幼児は、保育者とおしゃべりをしたり、自分の好きな絵本を読んでもらったりなど、ことばによるかかわりを楽しみます。3歳児では、そのような保育者とのかかわりを基盤に、友だちとのかかわりにおいても、ことばが重要な役割を果たしていきます。
　事例3－16は、友だち同士のかかわりにおけることばの例です。J子とF男は、いっしょに遊ぶまでには至っていませんが、「わたしのおうち、入っていいよ」ということばからは、F男とかかわりたいというJ子の気持ちがうかがえます。数日後の場面でも、J子にかかわりたいB子の気持ちは、うまく伝わらずに終わっていますが、いっしょに遊んでみたいというJ子に対する気持ちをことばで伝えようとしている姿は、とても貴重な場面です。3歳児では、相手への親しみがことばでうまく伝わらないままのこともあります。すぐに保育者が幼児の間に入って、かかわりを仲介することもできますが、幼児がまず気持ちをどうにか伝えようとする姿が大切であり、自分なりのことばで表そうとする表現を保育者が受け止めておく時間も必要でしょう。

【事例3－17】友だちとことばそのものを共有する
　D男、F子、A男、B子の食事中の会話。
D男「何かのう」
F子「D男くん、おじいちゃんみたい」
　皆で笑う。D男「何かのう」
F子「何かのう」
A男「何かのう」
D男「コップは何のためにあるのかのう？」
F子「のうのう、のうのう、言わないのう」と笑う。
　しばらくして、D男「何かのうのう」
F子「また、言い出した」
A男「何かのうのう、何かのう」
B子「言わないのう」
A男「いいのう」
B子「言わないのう」

事例3－17も友だち同士のかかわりにおけることばの例です。ここでは、同じ席にいる4人が「何かのう」ということばの調子を共有して喜んでいます。3歳児では、友だちと同じものを使いたいという姿がよく見られる時期です。同じものを持つことで、仲間意識が強まっていくようです。ものと同様に、友だちと同じ「ことば」を使うことも、友だちとのかかわりにおいて重要な要素なのです。

　3歳児の一年間の人とのかかわりの中で、幼児はことばをいろいろに使っていきます。人と十分にかかわることが、ことばで表したり伝えたりする楽しさにつながっていることを意識したいものです。ことばの育ちをうながすためには、人とかかわる力の育ちが不可欠であり、反対に、人とのかかわりにはことばの育ちが必要です。「ことば」と「人とのかかわり」をそれぞれ関連させながら、一体的に育ちを見とることが重要です。

(3) ごっこの世界でのやりとり

【事例3－18】ごっこ遊びの中で役になりきり、ことばを交わす
　C子、F男、B子、I子、J男、H男がいる。スチロール積み木で作ったものを乗り物に見立てている様子。
B子「はい、どうぞ」と円形ブロックを渡す。
F男「おれたちがたべるの？」
B子「そうよ」
I子「おいしいドーナツだよ」
F男「ぼく、ひとくちでたべるよ」と食べる真似をする。
B子「C子ちゃん、ドーナツもってる？」
C子「ううん」
B子「はい」
B子「もうたべた？　もう1個あるから、また3じになったらたべようね」
　その後、B子は「F男ちゃん」と、F男にもドーナツを振る舞おうとする。
F男「ぼくは敵をやっつけるから」
B子「F男ちゃん、ここに来て、お父さんは」
F男「ぼくは、救急士さんだから、わるいやつじゃないんだな」
C子「お父さん、これベビーカーにしませんか？」と積み木の一角に人形を

置く。

F男「ベビーカー、いいね」

B子「これも、ベビーカーよ。かごもってくる」とままごとコーナーへ行く。

　お父さん役のF男が、自分は救命救急士でもあるというイメージを出したことから、遊び方が変化していく。

F男「あかちゃんのおなか、きもちわるそうだ」

B子「ちゅうしゃは？」

F男「ちゅうしゃしよう」

C子「ちゅうしゃは、これ」とブロックを差し出す。

F男「ほら、ジュースだよ、ジュース」と色つきのブロックを出す。

B子「だめだめ。J男くんがあっちでかってきたんだから。いいって言って
　　　から」

C子「救急車いくわよ」

　B男が「きんきゅうじたい、はっせい」とやって来る。

F男「口から吐きそうです。おなかちょっと痛いんですね。じゃあ、救急車
　　　うごくぞ」

B子「あ、まってまって。はい、これは下痢のやつ。これとこれがおくすり
　　　でしょ」

F男「ピーポーピーポー。あのね、おなかのちょうしがわるいそうです」

C子「この子はもうなおったわよ。この子もなおりました」

F男「おなかのちょうしが」

B子「下痢のやつ、これ」

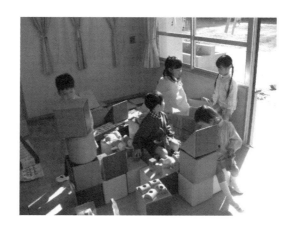

F男が保育者に向かって「ぼくたち、救急士さんになってるんだよ」
H男「ちょうしわるいです」
F男「おなかから、吐いちゃったんです」
C子「この子は、おじいちゃんになっちゃうかもしれない。はげになっちゃうかも。はい、ちゅうしゃ。たばこ、ふぅってやったかもしれない」
J男「ちょっとおしごとあるんだよ」とH男、F男といっしょに積み木を取りに行く。
B男「この子が、おなか痛くなっちゃったんです」と人形を持ってB子のところへ来る。
B子「お父さん、この子がおなか痛くなっちゃったんですって」とF男を呼ぶ。
F男「ここが血がでてるんだ」
B子「ティッシュでふいてちょうだい」
　B男はずっと、それを見ている。

　病気の人を治療するイメージでのあそびが続いていると、新たに、おなかに人形を隠したJ子が、E子といっしょにやって来る。
E子「あかちゃんがうまれそうなの」
C子「はい、ねててください」とままごとコーナーのベッドを指す。
E子「もうすぐうまれそう」とJ子をベッドに寝かせる。
C子「あそこ、救急車」と、I子といっしょにJ子の側に来る。
I子「あそこが、おとこのベッドね」
C子「ここにちょっと、B子ちゃん来て！」

F男「おなかのちょうしが痛いそうです」
C子「おなかをきるしかない」
F男「あかちゃんが、まだぜんぜん見えません」
I子「みんな来て」
E子「あかちゃんはおんなのこです。びょうきはしてません」
C子「まだうまれません。あかちゃんのなきごえがします」
C子「もううまれました」
　J子、起きあがって人形を抱く。
B男「おんなのこのあかちゃんだったよ！　H子ちゃーん。J子ちゃん、おんなのこのあかちゃんだった」とH子に知らせる。

　最初は、お父さん、お母さんというごっこ遊びですが、その後一連のやりとりが自然に出てきたという場面です。細かなイメージの違いはあっても、救急車に乗った救急士が、赤ちゃん（人形）の病気の治療をしたり、途中からは妊婦の出産を行ったりするというごっこ遊びが、かなりの人数に共通のイメージとして進められています。
　3歳児は、自分のイメージをいわゆるごっこ遊びとして実現していくことが多く見られます。個々がイメージした役をそのまま、動きやことばで表現することから、次第に、幼児同士があるイメージを共有し、全体としてまとまって見えるごっこ遊びが展開するようになっていきます。その中では、「そこで、ちょっと寝ていて」など、イメージに沿った動きやことばを相手にうながす姿もあります。ただし、同じ場で遊んでいても、まだ個々のイメージが少しずつ異なり、さまざまなイメージが混在していることもあります。保育者が、個々のなりきっている役に応じることは、幼児が友だちのイメージを意識し、自分のイメージと結びつけていくきっかけになるでしょう。また、3歳児のごっこ遊びでは、一つのものを多様に見立てていくことも、イメージを表現するための重要な要素です。葉っぱ一枚が、お皿になったり、お金になったり、魚になったりします。いろいろな見立てが可能になるとき、幼児のことばも広がっていきます。
　事例では、幼児は自分たちで即興的に登場人物、場面などを設定し、自由にストーリーを展開しています。一人のイメージがことばになって出てくることにより、そのイメージが周囲の幼児に共有されます。そして新たなイメージがそれぞれの中でまたうまれ、徐々にそれらが絡み合っていく

のです。

第4節 4歳児のことば

(1) ことばの飛躍

【事例3-19】「なに?」「どうして?」と質問する
・「ツウカ(通過)ッテ、ナニ?」
・「サキ(先)とマエ(前)ッテオナジイミ?」
・「ニンゲン(人間)ハ、シヌ(死ぬ)トドコニイクノ?」
・(一寸ぼうしの絵本を読み聞かせてもらいながら)「イッスン(一寸)ッテナンノコト?」

　4歳代からの時期には、「なに?」「どうして?」の質問が盛んになります。2歳前後の「第一質問期」にも、「ナニ?」と質問を盛んにする時期がありましたが、今度の「なに?」の質問は、ことばの意味を知ろうとして行う質問になります。
　また、4歳くらいの時期には、おしゃべりが盛んになります。日常に必要な語彙を獲得したために自由にお話ができるようになったことのしるしだと考えられます。さらに、文字に関心を表すようになる時期もこの時期にあたります。文字を覚え始めるのは4歳代、文字の学習は4歳代から6歳代にかけてだと言われていますが、最近の子どもはもう少し早くから文字を覚え始めているような感じを覚えます。それだけ今の時代の子どもが、文字に触れる環境が身近にあるということなのだと考えられます。
　子どものことばは、飛躍と停滞をくり返しながら発達していきます(**資料6**)。停滞の時期には、目にこそ見えませんが子どもの内面が育っている時期にあたり、飛躍の時期には、停滞の時期に内面で育ったものが表出している時期にあたると考えてよいかと思います。

（2）気の合う友だちとの関係におけることば

【事例3−20】友だちとの関係をことばで築いていく
　登園後、先に着替えの終わったM男、B男が氷鬼をしようと園庭へ出る。
F子「ちょっとまって、わたしも入る」
B男「じゃあ、まちあわせね」
F子「どこ？　ジャングルジム？」
B男「そう。さき行ってるよ」
　M男は着替えをしているK子に対して「ジャングルジムでまちあわせね」。
K子「わかった、すぐ行く」
　G子が登園すると、F子は「G子ちゃん、氷鬼する？」
G子「ちょっとまってて」
F子「ジャングルジムでまちあわせだって」
　着替えの終わった幼児が、次々に園庭へ出てジャングルジム周辺に集まり、十数人が集まると氷鬼の鬼決めを始める。

　3歳児の項でも、ことばと人とのかかわりについて関連を述べましたが、4歳児は、気の合う仲の良い数人の友だちができ、その友だちといっしょに行動する中で、かかわりを深めていくという特徴がある時期です。**事例3−20**は、鬼遊びを始めるまでの幼児のやりとりです。

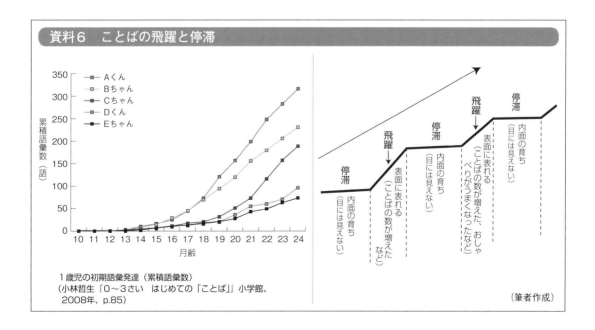

資料6　ことばの飛躍と停滞

1歳児の初期語彙発達（累積語彙数）
（小林哲生『0〜3さい　はじめての「ことば」』小学館、2008年、p.85）

（筆者作成）

ここでの「ジャングルジムでまちあわせ」という決まりは、幼児の中からうまれてきたものです。氷鬼は少ない人数よりも大勢でした方がおもしろいということがわかり、きちんとやりたい人が揃うまで待ってから始めています。また、誰が毎日参加しているかもだいたいわかっており、そのメンバーが集まるのを待って遊び出しています。4歳児では、気の合う幼児同士の十分なやりとりがうまれるような状況が出てきます。たとえば、鬼遊びではルールの共有、ごっこ遊びではイメージや体験の共有が必要となってきます。これらの遊びが充実することで、ルールやイメージを共有するための、ことばでのやりとりがうながされます。

【事例3－21】友だちとの関係をことばで調整する
　C子、D子がいっしょに中当てに加わり、歓声をあげている。
　C子はボールが当たり外野に出ると、急につまらなそうな顔をする。D子は引き続き楽しそうな表情である。
C子「D子ちゃん、当たったよ」
　D子は立ち止まり困った表情をする。
　保育者「当たってないよ」と伝えると、D子は走り始める。
　しばらくしてC子が「ちょっと来て、はなしがあるの」と声をかけるが、D子はC子の方を向かずに遊びを続ける。後片付けになると、笑顔で二人いっしょにいた。
　数日後、D子が、カルタをするグループに「入れて」と言って加わる。ままごとコーナーに一人でいるC子は、途中カルタを2回見に来る。C子とD子の会話はないが、D子も、C子が一人でいることやカルタを覗きに来ることはとても気になっている様子である。3回目に来たとき、C子が「いっしょに来て」と言うと、D子は「じゃあ2回やってからでいい?」と答える。

　気の合う友だちといっしょに過ごす中では、いつもかかわりがうまくいくとは限りません。ときにはやりとりがうまく成り立たず、衝突することもあります。幼児なりに、その衝突を乗り越えていこうとするとき、ことばという手段が必要になります。**事例3－21**は、仲の良い友だち同士の間で起こった出来事です。事例の2人は、C子主導であそびを決め、いっしょに過ごすことが多かったのですが、次第にD子も自分のしたいことを主張するようになりました。C子はその変化に戸惑っているようでした。

D子は、C子の様子もうかがいながら、一方的に主張するのではなく、「2回やってからでいい？」と、C子の要求と自分の気持ちを調整しようとしています。仲の良い友だちだからこそ考えを十分主張でき、そこで生じる衝突から、相手の立場になって考えたり、調整したりする力が培われます。衝突したときに、正直な気持ちを伝える経験も、4歳児のことばを育てるためにはとても大切だと考えます。

(3) 大勢の中で「話す―聞く」こと

【事例3－22】片づけの仕方について「話す―聞く」
　大型積み木を組んで作った場に、ままごと道具を持ち運んで使う姿が、数日続いている。その際、食べものに見立てて使っている毛糸が、たくさん床に落ちている状態が目立っている。片づけの度に、なかなか集めきれず、時間ばかりかかってしまっている。片づけのあと、全員が集まったところで、どうしたらよいか話題にした。
保育者「どうしたらいいかな？」
幼児「ちゃんとかたづける」と口々に言う。
D子「本とかかたづけない人がいる。もとのばしょにちゃんともどす」
J子「さいしょから出さない」
保育者「Jちゃん、いいことに気づいたよ。使わないものは、最初から出さなければいいね」
N男「おとさない」
保育者「こういうスパゲッティの毛糸、ぽろぽろ落としている人いるね」
N男「はこぶときに、おとさないようにする」
　発言する幼児は数人だが、他の幼児も、保育者や友だちのする話に注目し、一生懸命に聞こうとしていた。

　4歳児では、気の合う友だちの中だけではなく、大勢の中でことばをやりとりする経験も園生活の中でうまれてきます。**事例3－22**は、共通の話題について、大勢の中で話したり聞いたりした場面です。この時期は、ままごと道具を持ち運ぶことがおもしろい様子でしたが、やみくもに運ぶことに終始し、片づけの頃には乱雑な場が残っている状況でした。他の遊具の片づけが終わっても、ままごと道具の片づけだけが終わらずに大勢が

待つこともあり、学級全体で考える良い機会ととらえ、話題にしたものです。ここで、保育者は、幼児から出てきた考えを学級全員で共有できるようにすすめました。

【事例３－23】合奏の分担について「話す－聞く」
　生活発表会に向けて、楽器の分担をする場面。使う楽器を紹介し、一人ずつやりたい楽器を言っていくと、人数の偏りがあった。
Ｃ男「タンバリンはＢくんだけ」
Ｂ男「しかたない、一人でがんばるか。でもやっぱり、誰かいない？」
保育者「これでいい？」
　幼児の多くが「だめ」という反応である。
保育者「たくさんいるところと少ないところがあるね。みんなやりたいところにしたけれど、どういうふうに決めたらいいか、良い方法あるかな？」
Ｄ男「なかよしでいっしょになればいい」
Ｅ子「おべんとうのグループにすればいい」
保育者「もう一回最初から決めるってこと？」
複数の幼児「だめ、だめ」
Ｇ子「６人ずつにすればいい」
Ｈ男「５人とかにすればいい」
保育者「５人とか６人とか数を決めればいいって出たけれど」
保育者「（今ある）楽器の数と同じにするってこと？」
複数の幼児「それがいい」
保育者「この間××組さん（５歳児）に借りたから、また借りるのは？」
Ａ男「だめだめ、××組さん使えないよ」
保育者「いっしょには出ないから、借りるのでもだめ？」
複数の幼児「だめ」
　トライアングルは６個、保育室に置いてあり、７人が希望している。
Ｂ男「もうせんせいがあと決めればいい」
保育者「先生が決めていいの？　背の順とかでもいいの？　大きいからこっちとか」
　自分は該当しないと思っている幼児は「いいよ」と答える。
保育者「じゃあ、Ｍ子ちゃんはお兄ちゃんがいるから、こっちとかでもいい

Chapter ❸ 「ことば」の育つみちすじ

> コラム　　　　　　　　　　　　　　　　　　　　　　　　　　　　　　　　　Column

過度拡張・過度縮小

子どもは、自分が覚えた、限られたことばで表現しようとします。そのために大人がイメージする範囲を超えたことばの使い方をする場合があります。たとえば「ワンワン」ということばは、一般的に「犬」を指して使いますが、子どもの中には、四足動物（ウマ、ウシ、トラ、ライオンなど）すべてを指して「ワンワン」ということばを使うことがあります。このように、ことばを拡張的に使用することを「過度拡張」と言います。反対に「ワンワン」を自分の家で飼っている犬だけに使う場合もあります。これは、ことばを縮小的に使用することで「過度縮小」と言います。このような使い方は、子どもの語彙の増加とともに自然と消えていきます。

語彙の増加

一語文の時期（およそ1歳代）を過ぎると二語文の時期を迎えます。さらに三語以上の文を組み合わせて使用するようになり、急激な発達がみられます。村田孝次は、二語文を超えて文が発達することは、単に、①文が長くなるということだけではなく、②構造が複雑化し、③用いられる語が多様化し、④多様な意図を伝達する能力の進歩を意味していると述べています（村田孝次『日本の言語発達研究』培風館、1984年）。

この時期のことばの育ちには、二つの大きな特徴が見られます。一つは、語彙数の増加です。語彙は、使用語彙（話したり書いたりできる語彙）と理解語彙（聞いたり読んだりできる語彙）とに分けることができます。理解語彙の計測は難しいですが、使用語彙量は、ある程度計測できます。1歳前後：数語、2歳頃：500〜600語程度、3歳頃：1000語程度、4歳頃：1500語程度、5歳頃：2000〜3000語程度です。3歳頃になると、日常の会話が不自由なくできるようになり、5歳頃になると、大人と対等な会話ができるようにもなりますが、個人差がありますので配慮は必要です。一生の中で、語彙数が急激に増える時期に当たります。

幼児音

子ども（幼児）が話をするときに、大人のことばとは違った発音が聞かれることがあります。この発音のことを幼児音と言います。およそ4歳くらいの子どもでも、約半数の子どもに発音上の問題が見られ、小学校低学年の子どもでも幼児音が残っている場合があります。発音は、ゆっくりと発達していくものですので、言い直させるなどの無理な強制はせず、長い目で見守りましょう。幼児音は自然に消えていきます。子どもが"話したい"と思える環境を整えるように心掛けたいものです。幼児音の主な特徴を以下に紹介します。

①子音の変化　例：オカアサン（o ka a sa n）→オカアタン（o ka a ta n）
②母音の変化　例：クレヨン（ku re yo n）→クロヨン（ku ro yo n）など
③音の転置　例：スベリダイ→スリベダイ　など
④音の脱落　例：カーチャン（ka a cha n）→アーチャン（a a cha n）など

　　　　の?」
M子「だめだよ」
　ここまで40分ほどかかり、昼食後に話を再開する。
保育者「トライアングルの人はどうしてもやりたいんだって。何か決めるい
　　　　い方法ある?」
「ジャンケン」「にらめっこ」「双六」「2人が別の楽器に動く」「背の大きい人」などが出てくる。にらめっこを試してみることにする。
保育者「ちょっと待って。誰が審判?」
周りにいる幼児「はーい」
　しかし、なかなか決着つかない。
D子「考えつかれた……」
　トライアングルを希望する7人が残り、相談することになる。
　「もう1個あればいい」「じゃあ、××組さんにやっぱり借りる」という意見になり、降園時に他の幼児に聞いてみることにする。降園時、一つ借りて7人でやることを提案すると、賛成反対が半数くらいずつであった。翌日、話の続きを再開すると、一日経って、楽器を変わりたいという幼児がまた多くいる。楽器を変えても良いという反応だったので、すべて希望を聞くと、自然と楽器の数と合う分担になった。
保育者「これでいい?　確かめてみて」
複数の幼児「オッケー」「いいよ」
　その後の取り組みでは、意欲的に学級の友だちと演奏したい気持ちが感じられた。

　事例3-23は、生活発表会に向け、学級全体で合奏の分担をする場面です。与えられた課題として表現活動に取り組むのではなく、自分たちで取り組む気持ちを十分感じられるよう、分担を幼児が決める時間を保障しました。楽器の人数を調整しようと、さまざまな考えを巡らせた発言があり、その一つひとつを試しながら話し合いを進めていきます。いろいろな解決方法が提案されたことは、それまでの遊びの経験があらわれたものと考えることができるでしょう。
　大勢でことばのやりとりをする場面では、自分の気持ちや考えを「話す」ことがなくても、人の話していることばをよく「聞く」ことで、ことばから話し手の気持ちや考えを理解していく力が培われます。大勢での話

し合いに限らず、生活の中で「聞く」ことが楽しくなる経験を積み重ねることが重要でしょう。そのために保育者は、絵本や物語などを読み聞かせる場面はもちろんのこと、大勢に対して話をする際には、最後まで楽しみに聞いてみたくなるような、魅力ある話の内容や話し方を心がけなければなりません。

第5節　5歳児のことば

(1) 考える過程とことば

　以下は、飼育していたウサギの死をきっかけに、ウサギ小屋を作る活動へと展開していった数ヶ月にわたる事例です。その中の「ことば」に焦点をあて抜き出しています。

【事例3－24①】釘の打ち方を考える
A子「のりやテープはだめだよ、くぎならいいかもしれない」
B男「うん、ぼくのお父さん、くぎ使うよ。あと、のこぎりでしょ、かんなでしょ……」
　木と木を合わせ、釘を打っていく幼児たち、釘にもさまざまな長さのものを用意しておいた。中でも、丈夫そうな太く長い釘が人気で、10センチはあ

る釘を、厚さ数センチの木に平気で打っていく。
C子「うわ、くぎがはみ出しちゃった。これじゃクロくんがケガしてしまう、だめだ」
D男「ほんとだ、このくぎは使わないほうがいい」
保育者「どんな釘ならいいの？」
C子「くぎが木からはみ出したら中のクロくんたちがケガしてしまうから、木からはみ出さない長さのくぎを打ったほうがいい」

　ところが、この会話中に後方でも同じことが起きている。C子、D男が気づき、

C子「あっ、そんな長いくぎ打ったら（B男の手元をのぞき込み、息を飲み込むように見守る）、あーあ、クロくんたちがケガするよ」
D男「うん、木とくぎをみてからしないと」
B男「だいじょうぶ、だめだったら、またくぎぬけばいいもん」
E子「うん、これでできるかもしれないもんね」
B男、E子、釘を半分打ったところで「……ほんとだ、やっぱりだめだ」
B男「じゃあ、くぎぬこう」

　ところが、太く長い釘のため、思うように抜けない。

E子「やっぱり、木とくぎみてからだいじょうぶか確かめて打ったほうがいいね」
B男「うん、なかなかぬけないし、しかも大きい穴まであいた」

　周りの幼児たちもしっかり聞き耳を立てており、釘の選び方が変わってきた。

木と釘の長さの関係、また、20cm幅にバランスよく3本の釘を打つ幼児もいれば、頑丈に7本8本と打ちつける幼児もいる。F男の「あんまりたくさん打ったらくぎがなくなる」との発言から、何本くらいの釘が妥当であるかについて、長さだけでなく、太さについてもみんなで考えることになった。

数時間かかり、囲いのようなものが5つできる。その囲いを積み重ねて小屋にするようである。4つめを重ねた直後、鬼ごっこをしていた4歳児に注意をうながそうとして、囲いに足をかけてしまい、がらがらと崩れてしまった。柱もなければ土台もないので、崩れてしまうのは当然である。崩れた直後は大変そうに騒いでいた幼児たちだったが、また同じように積み上げるとへっちゃらな様子であった。

翌日、早速設計図作りが始まり、紙を継ぎ足しながら、実物大の設計図が完成。また、「こっちを見たら、右とか左とか、後ろだってわかるよ」と、粘土で立体的な小屋の設計も加わった。

【事例3−24②】ドアの高さを考える
F男「赤ちゃんの手のとどかない高さにしたほうがいいよ」
みんな「うん、赤ちゃんたちはあんまりよくわからないし、つよくギュウって（抱っこ）しちゃうもんね」
G子「うん、わたしたちがずっと赤ちゃんたちの近くにいたらおしえてあげられるけど、おさんぽも行きたいし、あそびたいときもあるし……」
保育者「ところで赤ちゃんたちって何組さんのこと？」

すると、同じ2歳児学級でも「Kちゃんはお話したらわかってくれるからだいじょうぶでしょ、Lちゃんはお話きいてくれないからね……」と、年齢や学級ではなく、子どもたちが普段感じている理解度の問題であることが多く聞かれた。そして、数人が未満児学級へ行き「ごめんね、ちょっとだけ手をのばしてもらっていい？」とお願いしながら「このくらい高かったら大丈夫だね」と戻ってきた。「ここ、ここ、この高さ」。うん、うん、と他の幼児たちもうなずくが、あれこれ動いているうちに高さがわからなくなってしまう。どうするのだろうと様子をうかがっていると「ごめんね、もう一回手をのばして」と2人の未満児が連れてこられる。連れてこられたLもMもニコニコとけなげに手をのばしてくれる。しばらくはよかったのだが、「もう一回、もう一回」の5歳児の言葉に、L、Mは「嫌、嫌」。
保育者「本当だよね、何回も何回もじゃ嫌だよね。ごめんね」

C子「ここってめじるしをつけてれば、何回もやってもらわなくていいよ」と、Lに手を合わせお願いし、木に印を付け、90㎝より上にドアを作ることに決まった。

【事例3-24③】小屋の床のしくみを考える
　幼児たちが数人で話し合っている。
「木で床つくったら」
「えっ、おしっこしたらしみてしまうよ」
「じゃあ、トイレつくろうか」
「うさぎさんたちトイレわからないかもしれないし」
「そうだ、ワックスぬったらどうかなぁ、しみないし」
「うん、それならしみないかも」
「でも、このまえ園長せんせいがワックスは木にはいいけど、人間には毒って言ってたよ」
「ウサギは木をかじるって本にかいてあったし……」
「やっぱりだめだ、クロくんたちが死んでしまう」
　翌日、F男が「ウンチがいっぱいあったら嫌だしね……」と、ブロックでスーパーボールを転がしながら遊んでいたとき、「ウンチが落ちるようにしたらいい」
D男「うん、それいい。でも、木はかんで（うさぎがかじって：筆者注）だ
　　　めだから……」
B男「園のうしろにいいのがある！」

行ってみるとよしずのことで、つまりはすき間からウンチを落とそうということだった。しかし、「これポキポキ折れる、この上にはのれない」と、よしずは却下。そこで幼児たちが探してきたのが竹だった。竹と竹を編み込み、床作りである。
　「ウンチが落ちて、足が入らないように！」と、たくさんの中から紐をえらび編み込むことにする。紐の長さも、編みこむ竹を並べた長さの2つ分と半分くらいがよさそうだということもわかってくる。

　5歳児の中ごろになると、ただ友だちの話を聞くだけではなく、友だちの意見に自身の理由を加え、賛成したり反対したりするという場面が見られるようになります。遊びの場面では、今遊んでいるものをさらにおもしろくするためにはどうしたらよいかといったアイディアが飛び交います。よくよく耳を澄ませば、個々がこれまでの生活の中で培ってきたことばのすべてを駆使し、相手に伝え、理解してもらい、賛同を得ようとあの手この手で話しています。また、「一回やってみようよ、そしてだめだったらまた考えようよ」と、試してみるといったこともみんなの同意を得て行っています。この頃になると、学級全員で一つの目標に向かって活動することが子どもたちにとって大きな意味を持つようになります。
　事例では、それぞれの場面において、いろいろな幼児が自分なりに問題を解決しようと考え、それをことばにして相手に伝えようとしています。一人では考えにも限りがありますが、友だちといっしょに問題を共有し、ともに考えていくことで、いろいろな考えに出合うことができます。幼児同士の意見がわかれ、多数の意見が出るということは、その解決のすじみちがいくつもあるということです。保育者は、特定の幼児の意見をすぐとり上げるのではなく、まず「やってみる」ということで、さらに互いの考えをうながし、考えをことばで伝え合いながら深めていく機会を大切にしました。あえて、問題が生じ混乱がうまれる状況を保障することで、幼児は「本当にこれでいいのだろうか」と考えをゆさぶられます。そのゆさぶりの中で、目の前の活動をどうにかしてやり遂げようという意欲や方法を見つけ出し、ことばによって、友だちの考えを理解し受け止めたり自分の考えを整理したりするのです。

（2）遊びの中の書きことば

【事例3-25】ごっこ遊びで標識や看板を書く
　遠足で出かけた上野動物園を遊戯室に再現する遊びが行われている。
　遠足と同じように順路があり、床や箱積み木で作った道上に、「おすすみください」「ひじょうぐち」「でぐち」の標識を書いて貼っている。
　また、「しょうじゅうかん（小獣館）いるどうぶつ　こうもり　かえる」「りょうせいはちゅりゅーるいかん（両性爬虫類館）へびにちゅうい！」といった看板も書いて、どんな動物がいるか紹介しようとしている。

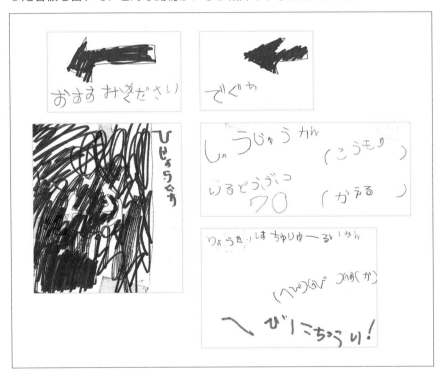

【事例3-26】作り方の説明を書く
　数日前から布を三つ編みにする方法を知り、くり返し作る姿がある。この日も女児7人が始めている。
　たくさんできてくると、そこを「お店」にしようという遊びになり、「みつあみや、やりまーす」と机を運んで並べ始める。紙に
　みつあみのつくりかた
　　①みつあみ

②みつあみ　ひだり　みぎ　てやるんです
③みつあみ　かんせい

と図と合わせてかく。

できた三つ編みを売るだけでなく、やり方を教えることをしたい様子である。

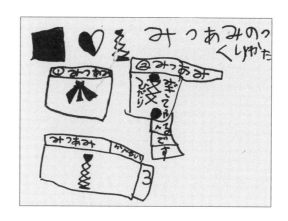

　幼児は家庭や地域のさまざまな場で文字を目にしており、園生活でも、絵本や物語にふれたり、靴箱などの自分や友だちの名前を読んだりと文字に接しています。最初は文字の形を覚えたことを喜んで書いてみることが楽しく、次第に遊びや生活に必要なことについて、知っている文字の中から選んで書き表す時期へと移行していきます。5歳児では、標識などの機能に気づき、看板や広告などを遊びの中で書く姿が見られるようになります。

　5歳児のごっこ遊びは、幼児同士が共通にイメージできる実生活の一部を再現することが多くありますが、**事例3-25**では、広く多くの人に必要な情報を視覚的に伝えるという書きことばが持つ機能を十分にわかって、標識・看板を遊びに取り入れています。**事例3-26**では、店の看板ではなく、実際の作り方を図解して掲示しており、5歳児ならではの表現でしょう。

【事例3-27】お別れのメッセージを書く

　卒園式の前日の姿。
　保育室、園庭などすべての片づけを終えると、翌月から5歳児に進級する4歳児に向けて手紙を書き残しておこうということになる。

2くみのみんなへ ドンヂャンケン タノシカッタヨ

ほんだなにほんがいっぱいはいってるよ

しょうがくせいになったら、いっしょにあそぼうね

3くみさんおめでとう。

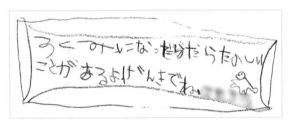

3くみになったらたのしいことがあるよ げんきでね

　卒園の前日ということで、何か４歳児に伝えていきたいという気持ちが感じられました。書いている間は、どんな顔でこのメッセージを読むのだろうかと想像し期待する様子がありました。幼児が文字を使う場面では、書くことで何を伝えようとしているか、幼児の目的をとらえることが重要です。文字が読める、書けるということばかりが指導の中心であってはなりません。どんなときに文字が必要か、また、文字を使うとどのような便利さがあるかという気づきを大切にしながら、幼児自身が書きことばの役割や機能を理解していけるようにしたいものです。

（3）遊びの豊かさにつながることば

【事例3-28】ことば遊びをする
- G子「イルカはいるか」
  E子「猫が寝ころぶ」
  F男「馬がうまかった」
- L男「草がクサイ。その草をサイが食べる」「鯉を食べると味が濃い」
- I男、絵本を見ながら「サワガニは騒がしいカニだ」
- A男、着替えをしながら「エー型バスに乗ってます。オー型（大型）バスに乗ってます」
- 登園時にJ子、N子、B子の傘が重なっている。「傘が重なった」
- B男「バナナは、ななちゃんが食べる」
  N男「ななちゃんが、ななにん」
- E男、L男は芋掘りの日にシャベルを手にし、「しゃべるシャベル」
- K男、D男、電車ごっこをしながら「次は北浦和」「次は地下浦和」

　気持ちを表現し考えを伝え合うといった、ことばの機能に加え、ことば自体が持つおもしろさや、社会にいろいろなことばがあることに気づくことによって、幼児の遊びはより豊かなものとなっていきます。
　事例3-28は、ことばそのもののおもしろさに気づく中でうまれる遊びの例です。事例に挙げた語呂合わせは、一人で言うだけでなく、友だちや保育者に聞いてもらうことが楽しいようです。最初のうちは、兄弟に教えてもらったり本で読んだりした語呂合わせですが、次第に自分で考え、「傘」と「重なる」をかけて表現したり、「北浦和」という駅名と「地下鉄」をかけて「地下浦和」ということばが出たりしています。語呂合わせだけでなく、しりとりなども好まれますが、いずれも日常の遊びや生活の中に、ことば遊びの楽しさを見つけ出していく姿と言えるでしょう。ことばがおもしろさの中心にある遊びは、その要素だけを取り上げて指導してしまいがちですが、日常生活をより豊かにするための要素として、ことばをとらえなければなりません。できる限り生活と遊離しない中で、ことばのおもしろさを楽しんでいけるようにすることが重要でしょう。

【事例3-29】地域生活で耳にしたことばを遊びに使う
　4人が人形劇を始め、観客として10名ほどが座っている。一度、演じ終わった後で、A子「すみませんが、一回とまります。休憩じかんです。トイレに行きたい人は今行って来てください」と観客の幼児に伝える。

【事例3-30】地域生活で目にしたことばを遊びに使う
　F子、B男、M子、K子が、前日の遠足で経験したアスレチックから発想し、箱積み木を不安定に並べたコースを作っている。
　その後、「N男がかってに入った」とトラブルになっている。
保育者「昨日の『冒険コース』のブランコ滑車のところに、一人で乗るとか、立たないことって書いてあったな、そういえば」
　F子、K子は二人で紙をもってきて「やくそく」と書いたあと、1～6の数字を書く。
　「かってにはいらないこと」「かて（＝かって）にこわさないこと」「いりぐちできっぷをかうこと」までは、すぐに書くが、その続きが思い浮かばない。先に6まで数字を書いてしまったのでどうにか他にないか考えている。
　「たばこきんし」「ちいさいこどもをおつれのかたはめをはなさないでください」「さいごまでやってでてください」とどうにか知恵を絞って書く。「このまーくをみたらおゆずりください」と車いすの絵も描く。

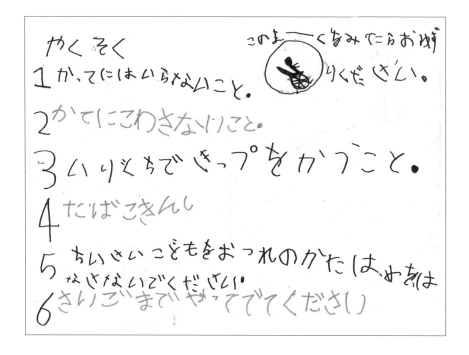

事例3-29、30は、幼児が地域生活で耳にしたり目にしたりしたことばを、遊びの中で活用していく姿です。事例3-29では、劇場の雰囲気が感じられることばづかいをしています。役によって口調やことばづかいを変えることは、ごっこ遊びを成り立たせるための大切な要素です。事例3-30では、話しことばだけでなく、書きことばでも、これまで地域生活の中で見たことばを真似して取り入れていることがわかります。

> **コラム**　　　　　　　　　　　　　　　　　　　　　　　　　　　　Column

鏡文字

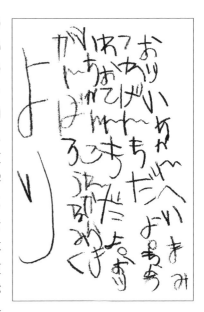

　鏡文字を知っていますか？　右の資料を見れば「あー、この字のことね」と納得してもらえると思います。この文字を書いた幼児は、5歳9ヶ月です。「おじいちゃんへ　いまみくわ（は）げんきだよ。きょうわ（は）おてんきだよ。おじいちゃんこれからもがんばろうね　みくより」と書きました（括弧内は筆者による注）。覚えた文字を使って一生懸命に想いを伝えようとしている気持ちが伝わってきます。「じ」や「き」の文字が鏡に映したように反対に書かれています。このような文字のことを「鏡文字」と言います。ひらがなを書き始めた幼児に見られます。鏡文字は書き誤りではありません。幼児の文字を認識する機能の未熟さが原因です。成長とともに見られなくなります。ですから、保育を行う上で、鏡文字を強制的に書き直させる必要はありません。鏡文字を指摘するよりも、子どもが文字を書こうとしている気持ちを大切に育むことのほうが、大切です。

手紙

　「書きことば」の代表的な表現として「手紙」があります。5歳児になると、手紙を友だちや保育者に書いて渡すことが多くあり、郵便ごっこなどの遊びが展開する場合もあります。しかし、幼児の遊びを見ていると、書きことばの出てくるずいぶん前から「手紙」らしい表現は見られるものです。たとえば、4歳児でも、絵や折り紙が「手紙」となったり、文字らしき形を紙にかいて「ここに、○○って書いてあるからね」と話したりする姿がありますが、いずれも、友だちに対する親しみの気持ちが表れています。

　5歳児後半になると、就学を意識してか、文字への関心を高める保育内容として「手紙」などが取り上げられやすいですが、いかに文字にして伝えるかという以前に、友だちへの親しみを、話す以外の方法でも伝えられることの楽しさや、友だちに送ったりもらったりすること自体の嬉しさを、十分に経験できることが大切だと感じます。

幼児は、日常生活の中で大人が使うことばや社会で使われていることばを取り込み、自然とあそびに必要な場面で使っていきます。幼児にとって、生活の中で話を聞く・文字を読むなどことばを取り込むことと、自分の考えや気持ちを話す・文字に書き表すなどことばを外に出すことは、どちらも大切な経験です。保育の中では、ことばを取り込む機会とことばを使う機会の両方を保障していくことが求められます。その際、話し合いの時間を決まった日課として毎日持ったり、文字の習得を目指して書き取りをさせたりする実践も見受けられますが、特別な時間や状況を強いることは避けたいものです。あくまでも、日常生活において保育者や友だちとかかわる中で、多様なことばを耳にしたり使ったりしていく経験が重要です。

第6節　1年生のことば

　では、保育園や幼稚園を卒園した子どもたちは、どのようなことばの世界を持っているのでしょうか。1年生のことばをいくつか紹介します。

　　　き　　　やまと　なおみ
　きがかぜにのっていました
　はっぱがいっぱいありました
　だから　おんがくになるのです

　　　かい　　　よしむら　せいてつ
　耳にかいをあてるとうみの音がきこえた
　かいにはうみがはいっとんかな
　うみにずっとすんどったから
　うみの音がしみこんでいる
　うみはかいにいのちをあげたんかな

　　　おとうさん　　　にしかわ　ちかこ
　おとうさんのしゃしんがあるから
　あさになったら

鹿島和夫編『一年一組せんせいあのね』理論社、1981年より

「おはよう」といいます
よるになったら
「おやすみなさい」といいます
いもうともあかちゃんもおかあさんも
てをあわせます
おとうさんはなんにもいいません

原文表記通り　　　［ちかこちゃんのおとうさんは、昨年、事故のためになくなられたのです］

　この三編は、今から約35年前の詩の実践記録です。
　今度は、近年の１年生のことばです。

日本作文の会編『作文と教育』2013年11月号、本の泉社、p.55

　　おとうさん　　　みやざき　ちほ
わたしのおとうさんは、
いつもなにかわすれます。
けいたい、
くるまのかぎ、
おさいふ、
おにぎり、
いろいろわすれます。
でも、
わたしのたんじょうびは、
わすれません。

日本作文の会編『作文と教育』2014年11月号、本の泉社、p.54

　　あさがお　　　いとう　けいと
きょう
あさがおが
はじめてさいた。
ひとつさいたら
ながくそだてようとおもってた。
きょうはじめてさいたのに、
いろみずになって
かなしかった。

時代の異なる1年生の詩を数編紹介しました。詩人的雰囲気がみなぎっていたり、ユーモアも感じられたりします。もちろん、大人社会の出来事も反映されています。5歳・6歳から小学校への就学は、大きな段差を乗り越えると言われています。ことばの発達段階としても、話しことばから書きことばへの転換期でもあります。

　幼児期に、話しことばによる豊かな言語活動を積み上げていくことが、学童期の土台を形成していく面があります。豊かな言語活動とは、たとえば児童文化財（絵本、紙芝居、お話等）にふれることです（**5章**参照）。そして、友だちと協力・共同して取り組むさまざまな活動があります。ときには、互いの主張がぶつかり合い、けんかになることもあります。こうした幅広い生活経験をしながら、自由に話しことばを表現できるように工夫していくことが大事だと言えます。さらにこの時期は、文字の世界への興味や関心が強くなる頃でもあります。個人差もありますが、自分から「書いてみたい」という場面を形成できるようになります。

　岡本夏木は、幼児期から児童期へ「一次的ことば」から「二次的ことば」への変化を説明しています*。「一次的ことば」とは、Aくんが友だちに「昨日、こうえんで犬をみたよ」と言うような、一対一のコミュニケーションにおけることばです。それに対して「二次的ことば」とは、クラスの仲間たちに「昨日、飼っているポチと散歩に行きました」などと話す一対複数のコミュニケーションが特徴的な場面におけることばです。

＊岡本夏木『幼児期』岩波新書、2005年

　他の発達と同様ことばの発達も、幼児期から児童期へ飛躍的な成長を遂げるのです。幼児期から話しことばの世界を大切にしていきたいものです。

　第3章では、ことばのおおよその発達として、そのあらましを見てきました。子どもは、3歳から4歳くらいまでに、ことばを覚えたり、構文の形式を覚えたりします。そして、それ以降になると、今までに覚えたことばの意味を理解して、ことばの使い方が大人に近くなったり、またそれらを応用して使用することが可能となってきます。6歳代になると、自由に長いお話ができるようにもなります。また、友だちとお話そのものを楽しんでいるという子どもの姿も見られます。

　しかし、子どものことばの育ちは、幼児期で終わるわけではありません。幼児期に覚えたひらがな文字の読み書きが完成するのは、小学校低学年ですし、話しことばにおいても、正しい複文が話せるようになるのは、

小学校高学年になってからです。このように、ことばの発達は乳幼児期で完了するわけではなく、学童期へと続いていることを念頭において、慌てることなくていねいに子どもにかかわることが大切です。個々のことばの育ちの特徴を把握し、子どもがことばを話したくなるような大人のかかわりが、子どものことばを育むということも忘れないようにしたいものです。ついつい大人の価値判断で、子どもにことばの使い方を強制させてしまうことが多くありますが、そうしたことで子どもに何が育つのかをあらためて考える必要があります。

† 参考文献

今井和子監修『年齢別　0歳児の育ち事典』小学館、2009年
大久保愛『幼児のことばとおとな』三省堂選書、1977年
大久保愛・長沢邦子編著『保育言葉の実際（第2版）』建帛社、1996年
岡田明編『改訂 子どもと言葉』萌文書林、2000年
岡本夏木『児童心理学講座3 言語機能の発達』金子書房、1969年
岡本夏木『子どもとことば』岩波新書、1982年
岡本夏木・清水御代明・村井潤一監修『発達心理学辞典』ミネルヴァ書房、1995年
小田豊・芦田宏・門田理世編著『保育内容 言葉』北大路書房、2003年
小西行郎監修『子どもの心の発達がわかる本』講談社、2007年
小林春美・佐々木正人編『子どもたちの言語獲得』大修館書店、1997年
榊原洋一・今井和子編著『今求められる質の高い乳児保育の実践と子育て支援』ミネルヴァ書房、2006年
志村洋子『赤ちゃん語がわかりますか？』丸善メイツ、1989年
庄司順一・奥山眞紀子・久保田まり編者『アタッチメント　子ども虐待・トラウマ・対象喪失・社会的養護をめぐって』明石書店、2008年
スターン, D.N.著／小此木啓吾・丸田俊彦監訳『乳幼児の対人世界』理論編・臨床編、岩崎学術出版社、1989年・1991年
高杉自子・柴崎正行・戸田雅美編『保育内容「言葉」』ミネルヴァ書房、2001年
トレヴァーセン, C.「赤ちゃんの話しかけようとする意欲」『別冊発達』24、2001年
マーラー, M.S.他著／高橋雅士他訳『乳幼児の心理的誕生―母子共生と個体化』黎明書房、1981年
村田孝次『幼児の言語発達』培風館、1968年
村田孝次『子どものことばと教育』金子書房、1983年
乳児保育研究会編『改訂新版　資料でわかる乳児の保育新時代』ひとなる書房、2010年
松川利広監修『子どもの育ちと「ことば」』保育出版社、2010年
渡辺久子『母子臨床と世代間伝達』金剛出版、2000年

第4章 「ことば」を育むための保育者のかかわり・役割

第1節　話し合い場面での保育者の役割

（1）数人から次第に学級へと広まっていく話し合い

【事例4－1】カニの飼い方について話し合う（5歳児学級20名、7月）
　A男がカニとアメンボの入った水槽を持って登園した。
A男「小さいエビも入ってる、でも、これはカニのえさ」
B男「エビは生きてるのにえさにするのはかわいそうだよ」
C男「でも、しょうがないよ」
D子「ほかのえさは食べないのかな」
A男「エビを食べるからいい」
E男「水がきたないから、きれいにしてやる？」
A男「うん、きれいにする」
　数人が一緒に水替えをする。E男、図鑑を広げ、「Aちゃん、ほらっ、ここにかいてあるよ、カニのえさは、イカ、エビ、イリコ、ちくわだって」
E男「水そうの中にカニがかくれる石とか砂とか入れないと、さっきは入れ
　　　なかったね」
A男「うん」
　今度は男児を中心に砂を集め、砂洗いが始まった。4度洗うとだいぶきれいになり、A男もご機嫌な様子。
　昼食時も、カニにまつわる話で盛り上がっていた。
G男「カニとかさかなはすいどうのお水入れたらだめってお父さんが言って
　　　たよ」

E男「えっ、すいどうのお水入れた……」と、身を乗り出す。
H男「すいどうのお水でもいいよ、ねえ」
G男「だめだよ、ねえ、せんせい、すいどうの水はくすりが入ってるよね」
保育者「そうね、図鑑には何て書いてあったの」
　慌てたように図鑑を広げながら、「あっ、あった、すいどうのお水は塩素が入ってるからだめってかいてある」
E男「どうしよう……」
I子「どうする？　でもカニはげんきそうだよ」
G男「川の水」
みんな「うん、川がいい」
A男「うん、川の水とりに行く」
　川に水を汲みに行くことが決まると、後片付けがあっという間に済み、
J男「せんせい、ぼくがこれもっていってあげる、ここ（机）ふいてて」
K子「わたしがここ（机）ふいてあげるからいいよ、せんせいも行くじゅんびしてて」と、担任が誰なのか分からないほどだった。
　思い思いの容器を手に持った子どもたちといっしょに出発。
H男「よーし、カニ、まってろよ」と威勢のよいH男の手にはスコップ。案の定、水を汲み段を上がるとほとんど水は残らない状態。
H男「水くみたい人は入れてあげるよ」
みんな「いいよ」「（水が）入らないよ」
H男「あーあっ、これにしなかったらよかった」
L子「われてた……」と、汲んだ水が容器の下からもれていくのをぼう然と眺めている。
　K子は、洗面器を持っており、一人では持ちにくそうだと気がついたN子が手伝ってくれる。E男は手押し車を持ってきており、水の量は入るものの押すたびに揺れて波になり横からこぼれ慌てている。
M男「E男くんのはたくさん水が入るけど……」
保育者「どんな容器がいいんだろうね」
O子「わたしのとかI子ちゃんのとか、G男くんのもいい。だって、入れものが長いもん」
保育者「なるほど、容器に深さがあったほうがいいんだ。でも、同じ深さでも、K子ちゃんのは持ちにくそう」
K子「うん、N子ちゃんがもってくれたからいいんだけど、おもいしこぼれ

る。一人ではもてないからよくない」
C男「ふかくて水のこぼれるところが少ないのがいい」
H男「D子ちゃんのはペットボトルだからいい、ふたがついてるし」
I子「J男くんとか、N子ちゃんのはもつところがついてるから、もちやす
　　　くていいと思う」
　全員が納得。帰る途中、
E男「わかった、みんな見て、あるいて（つまり振動で：筆者注）波ができ
　　　るけど、波がなくなってからそーっと下ろせば水はこぼれないんだよ」と
　　　体験の中で、良い運搬方法を見つけたようだった。やっとのことで園に帰
　　　り着き、カニの水替えを終え、とても満足そうだった。A男が持ってきた
　　　カニだったが、まるで5歳児みんなのカニといった様子だった。

　これは、共通の話題から問題を共有し、解決すべくみんなで考え、行動に移していく事例です。数人が遊びの中で興味を持ち、思い思いに伝えたことから学級のみんなに波及しました。

　保育の中で話し合いをしようとするとき、どのような事柄について話し合うかという視点が抜け落ちてしまっては、子どもたちにとって意味ある話し合いは成り立ちません。一方的に保育者の考えだけで、話し合う事柄や話し合う時間・状況を決めることは、避けなければなりません。保育者は、子どもの興味や関心について、数人の関心事にとどめず、共通の関心事にした方がよいと判断した場合は、できるだけ波及するようなかかわりを持つことがあります。話し合いを充実させるためには、保育者がどのように子どもの興味や関心ごとをとらえるかが大切になってきます。

（2）学級みんなで目的を共有しながらすすめる話し合い

【事例4－2】運動会の玉入れに向けて話し合う（5歳児学級21名、9月）
　「運動会」についてみんなで話し合い、全員一致で運動会を行うことになった。そこで、どのような種目をやるかについて考えを出してもらうと、ジャンピングかけっこ、後ろ走り競争、楽器を吹いての競争、クイズを出しながら……など、大人ではとても考えつかないものも多く挙げられた。中でも、みんなの意見が一致した玉入れは、早速A子とB子が園庭の倉庫の中から玉入れのかごを探し、玉入れが始まった。玉は、野球に使ったボール、既製の

ボール、お手玉、それでも足りなくなると、外で拾ってきた椿の種までもが玉入れの玉になった。しばらくいろいろなものを投げて遊んだ子どもたちだった。
C子「ほんとうのときは玉どうしよう」
保育者「そうね、どんな玉がいい？　前の年長さんたちは自分たちで作ってたけど……」
D男「えーっ、ほんとう？　ぜんぶ？　何個くらいつくったのかな」
E男「だいぶだよ、100個とか200個とか……」
F男「おじいちゃんとか、おばあちゃんたちもやってほしい、もっとつくらないとだめだよ、ぼくもつくろう」
G男「しんぶんしで玉つくればいいんじゃない」
みんな「それ、いいね」「うん」と、新聞紙での玉作りがはじまった。

　男児に多かったのが、新聞紙をクシャクシャに丸め、テープをいくつもとめていく作り方で、やっとできてかごへ投げ入れるものの、クシャクシャとしたやわらかい玉ばかりで、うまく投げることができなかった。そこで、今度は少し力を加えて作ることになったが、基本的な作り方は同じであるため、あまり変わらず、何度も頭を抱えながら作り直す子どもたち。テープの使用も多くなっていった。
H男「そんなにたくさんテープつかわないで！　なくなるよ」
I子「ピラピラ出したらテープがたくさんいるよね」
J子「きれいに折っていけばいいかもしれない」

　思いついたように折りたたみながら作り始める。その横で、もくもくと作っていたK子、I子とJ子の玉がどんどん四角くなっていくのを見てびっくりしたようす。
K子「そんなに折っていったらまるくならないよ」

　中には「せんせいできない、つくれない」と涙ぐむ子も出てくる。
保育者「そうだね、丸く作るのってなかなか難しいね」と共感し、できる限りゆっくり「どうやって丸めようかな、クシャクシャにしてしまうとさっきみたいになっちゃうし、ゆっくり力をこめて端の紙を包み込みながら……」とひとりごとを言いながら作っていく。4つ作る頃には、これまでできないと涙ぐんでいた子も、しっかり保育者の真似をしながら玉が作れるようになった。他のクラスの先生方からも「わあ、いい玉作ったね」と声をかけられ、「うん、考えてつくらないとまるくなんない、むずかしいんだよ」と上機

嫌。玉の作り方を嬉しそうに説明する子もいる。
　次の日、未満児クラスから借りてきたお手玉を置いておくと、登園してきた順にお手玉入れが始まった。
L男「こっち（お手玉）のほうが入るよ」
M男「うん、ぼくたちがつくった玉よりだいぶ入るね」
保育者「本当？」
N男「うん、10回やったら、つくった玉は7回目でやっと入ったけど、おてだまは3回で入った」
　ほとんどの子どもたちがお手玉の方が入りやすいと感じているようだった。
N男「あっ、おてだまは重いから入りやすいのかな」
　みんな、自分の玉とお手玉の重さを比べ始めた。
A子「大きいから重いのかな」
M男「でも、この玉は大きいけど軽いよ」
O子「うん、これも大きいけど軽い」
H男「そうだ、玉のなかに何か入れたらいいかもしれない」
　早速、石を中に入れようとする子、園庭に落ちていた実を入れる子、新聞紙を一枚一枚丸めて硬くしていく子、粘土を入れて重くしようと試みる子、玉も大小さまざまだ。

　運動会という行事に向けて、学級みんなで考え、話し合っていく事例です。この話し合いは、5歳児という年齢もあり、運動会という経験が十分で、個々それぞれにイメージできることをふまえ、保育者から学級全員に投げかけて始まったものです。種目についても、それぞれが3つ、4つと考えて、イメージのつかない種目は、意見を出した幼児がみんなの前でやってみることで共通のイメージを持ち、運動会へ向けて取り組むことになりました。ここに取り上げた事例は、全員がやりたい種目として挙げた「玉入れ」について、どのような玉がいいか、どのように作ればよい玉になるかについて考えを出し合い、話し合ったり実際に作ったりしていった過程の一つです。
　このような話し合いは、単に5歳児になったからといって、無条件に成立するわけではありません。同じ目的意識を持ち、自分たちで作ることを保障されることによって、初めて仲間と一緒に考えることができるのです。話し合い場面に限って保育者の役割を考えるのではなく、日頃の保育

において、子どもたちが考えることの面白さを十分に味わっているかをしっかりととらえ、それを十分に保障していくことが、保育者にとっては必要ではないでしょうか。

(3) 生活の仕方についての話し合い

【事例4-3】ブランコの使い方を話し合う（5歳児学級35名、5月）
　年度当初、5歳児がブランコに乗っているとき、近くに入園当初の3歳児もいた。

コラム　　　　　　　　　　　　　　　　　　　　　　　　　　　　　Column

「考える過程」の大切さ

　保育現場における活動の中には、知識や技能の習得など幼児が受身となりがちな活動や、幼児が主体的に活動できるようにとしながらも、保育者が一方的に活動の内容・方法を提示し、幼児はそれにしたがうという活動が少なからずあります。それらは、幼児の多様な考えに対応できているとは言いがたく、いまだ大きな課題となっています。

　実際、幼児に「どうしてそう思うの」と尋ねると、「だってAせんせいが言ったから」「わからないけどしかられるから」などと他人にゆだねる返事や、中でも「わからない」という返事の多さに気づかされます。さらに、「叱られるからしない」と言って叱られないところでやっていたり、答えて間もなく答えた行動とまったく逆の行動をとっていたりすることに驚かされてしまいます。

　保育の特色は、「体験を通して学ぶ」ところに重きを置き、さまざまな体験を含む活動を保障していくところにあります。しかしながら、体験さえすればいいというものではありません。単に幼児に与えるだけの体験で終わることなく、次へとつながるものが幼児の心にふつふつと沸きはじめているかどうかが大切です。その場では終息したかのように見えたものが、次の日の遊びへつながっていたり、一ヵ月後の活動の中でいかされ展開が変わったりするのです。先に答えがあるのではなく、幼児自身あるいは幼児らがいろいろな答えを創り出していくことが保障されなければなりません。つまり、幼児期における学びは、この「考える過程」をいかにたっぷりと保障していくかが重要なのです。

　幼児は生活の中で、あらゆる場面において自ら考え工夫しようとしています。しかしながら、保育者が過度な援助をしたり、あるいは常に幼児に任せるだけであったりと、必要な援助さえも行わなければ、考える力を育てることはできません。幼児の側に立ち、幼児を主体とすることの意義を問い直しつつ、活動のあり方や保育者のあり方を日々見つめ直すことが大切です。

ブランコに乗った3歳児の背中を押してあげようして、勢い余って自分がブランコに当たりそうになったり、また、3歳児がブランコから落ちそうになったりすることがあった。3歳児担任とも相談し、5歳児全員でブランコの使い方を考えてみようと、保育者から投げかけた。
F子「◇◇くみさん（3歳児）を押すはやめたほうがいい」
D男「◎◎くみ（5歳児）どうしで押すのはいいけど、○くみとかが真似しちゃうとあぶないから、やめたほうがいい」
J子「他のことでやさしくしてあげればいいとおもう」
保育者「みんなは、立ち乗りとか二人乗りとか上手にやってるけど、それはどうする？」
B子「それは、だいじょうぶだとおもう」
G男「でも、◇◇くみが、まねしたらやっぱりあぶないとおもう」
F男「テストしてみればいいんじゃない」
　二人乗りしたことのない幼児や、二人乗りといってもいろいろなパターンがあると言う幼児などがおり、F男の考えを受けて、数日間ブランコでいろいろな使い方を試してみることになった。力の強い幼児が二人乗りする幼児を押してみたり、いろいろな二人乗りの仕方をしてみたりなど、実際にどれくらい危ないかを試していた。
　後日、再び話し合いをしたところ、「年下の人がいるときは5歳児も座って一人でこぐこと」と決まり、全員が納得した。その後、3歳児がブランコに乗っているときには、そばにいて歌を歌ってあげることで、3歳児同士が交替できるようにかかわる姿があった。また、決めたことを守っていない幼児がいたときには、「みんなで決めたのに、なんで、まもらないの」と指摘される場面もあった。

　話し合いのきっかけとして、生活していく中で生じた問題をどうにか解決するために、考えを出し合っていく場合があります。事例では、ブランコの使い方について、話し合いを行いました。5歳児進級当初は、5歳児になったという自信が、思い切り体を動かして遊ぶ姿になったり、入園してきた年下の幼児に何かしてあげようとする姿になったりします。その気持ちを保育者が十分に受け止めつつ、どうしたら園内の全員が安全に生活できるかについても考えられるように、話し合う機会をつくりました。ブランコという誰もが使う遊具に関する事柄であったこと、また、「年長児」

であるという気持ちが芽生えていた時期だったことにより、学級全員での話し合いを成り立たせていました。

　子どもたちは、ただことばのやりとりだけで考えるのではなく、話し合って考えたことを実際に試してみることで、また次の話し合いが生まれます。保育者が一方的に決めたことではなく、子どもたちが話し合いによって試行錯誤しながら決めたことであるからこそ、その後の生活においても、互いにそれを守ろうという気持ちになっていきました。なぜ、話し合うことが必要かということを保育者が十分吟味していくことの必要性を痛感します。

第2節　けんか・トラブル場面での保育者の役割

(1) けんかの仲介とは

【事例4-4】「ごめんね」「いいよ」と言わせる（5歳児、5月）
　　AとBのけんかに保育者が入る。
保育者「こんなときは、何て言ったらいいかな？」
幼児A「ごめんね」
保育者「そうだよね。ごめんねだよね。先生といっしょに言ってみようか」
幼児A「（Bちゃん）ごめんね」
保育者「ごめんねしてくれたよ。Bちゃんは、何て言おうか？」
幼児B「いいよ」
保育者「いいよだって。よかったね。これで仲直りできた？」
幼児A・B「うん」
　　保育者がその場を立ち去る。
幼児A「もう、Bのせいで怒られただろう！」と、保育者には聞こえないようにBに言い寄り、手を出す。

　どのようなときに保育の難しさを感じるかという問いに対し、「けんかが起きたときにどのように仲介したらよいかわからない」という声を耳にします。

たとえば、**事例４－４**のような保育者と幼児のやりとりをどのように感じるでしょうか。保育者としては、どうにかけんかをおさめようという気持ちで、かかわったのでしょう。しかし、衝突した場面だけに保育者が仲介に入ってことばでのやりとりをうながしても、それは、その場しのぎでしかありません。

幼児期には、ことばは決して、相手を傷つけたり否定したりするための手段ではなく、ことばが明るいものとして使われるような感覚を育てたいものです。そのためには、日常生活全体がゆとりのある気持ちで過ごせるように支え、ことばでかかわることが楽しいという気持ちの積み重ねを保障することが重要です。

（２）幼児のイメージを大切にしたかかわり

【事例４－５】イメージを広げて仲介する（３歳児、９月）

　Ｂ子が段ボール箱を囲うように並べて、その中に自分が入る。

　しばらく、その囲われた中で周りを見ているが、本棚から、絵本を数冊運んでくる。次々に、棚の半数ほどを運び、満足そうにしている。

　Ｅ男がＢ子のそばから取ろうとすると、Ｂ子はことばはないが、強く拒む。

Ｅ男「Ｅ男も、ほしいの。Ｂ子ちゃん、くれない」

保育者「Ｂ子ちゃんのここは、本屋さんみたいだよ」とＥ男に言う。（Ｂ子にも聞こえるように）「本屋さん、お客さんが来ましたよ、いい本ありますか」とＢ子に言う。するとＢ子は「はいはい、これどうぞ」と一冊出す。

　それをそばで聞いていたＤ男「Ｄ男も本ください」

Ｂ子「はい、どうぞ」と嬉しそうににやりとりする。

　ただ、とても気に入っている本があるようで、「それください」と他の幼児が言うと「こっちしかありません」と別の本を差し出している。

　これは、使いたい本を取り合うトラブル場面でのやりとりです。保育者が、「本屋」ということばを出すことで、Ｂ子のあそびに新たなイメージをつけ、そのイメージの中でやりとりがすすむように働きかけました。Ｂ子は本屋であるというイメージを持つことで、本を渡してあげたいと感じたようです。幼児本人のままでは、直接ぶつかりトラブルになる場面で

も、何かの役になりイメージの中にいると、自然と受け入れることも多いです。それでも気に入っているものは渡さないように考えてやりとりするB子の動きは、3歳児らしい姿として面白く感じます。

　このような場面は、幼児同士のトラブルを、問題ある行動としてとらえていては、なかなかうまれてこない場面です。保育者がイメージを広げ、ゆとりある間やあたたかな雰囲気がうまれるようなことばを用いていきたいものです。

（3）友だちとの関係をことばで振り返る機会

【事例4-6】けんかした後の気持ちを保育者が聞く（4歳児、11月）
　E男、L男、G男がいっしょに遊んでいたが、E男、G男が言い争いになる。
G男「もう、あそばない」
　L男は、G男の側にいて、2人の様子を心配そうに見ている。E男は、黙ってG男から離れ、1人で園庭を遠ざかる。保育者は、E男を、出してあった巧技台の平均台に座るよう誘い、話を聞く。
保育者「E男くん、この頃、3人兄弟はどう？」（E男は「3人兄弟」と自分
　たちのことを言い、関係を大事に思っている様子が以前からあった）
E男「あそびたいけど、うまくいかないときがある」

コラム　　　　　　　　　　　　　　　　　　　　　　　　　　　　Column

ことばの持つ危険性への気づき

　友だちとの関係が深まるにつれて、さまざまな衝突が生じることもあります。そのとき、友だちとの衝突をことばで解決する必要性が出てきますが、いつも円満に解決されるわけではありません。時には、感情的なことばを相手にぶつけ、傷つけてしまうことさえ起こりえます。ことばでのやりとりが十分にできるようになってくる時期だからこそ、幼児が、ことばの持つ危険性を意識できるようにしたいものです。何気なく発したことばが、実は受け手となる相手の心には大きな傷になってしまうことがあります。幼児が意識しないところで他の幼児をことばによって傷つけてしまっている場面を見逃してはなりません。幼児自身がことばのもつ負の面を理解して、友だちなどに対することばを一つひとつよく考えて使おうとする姿勢が育つよう、丁寧に働きかけていくことが重要です。

保育者「遊びたいけど、うまくいかないんだ。E男くんは、何して遊びたいの?」
E男「ポケモンごっこやりたいけど、G男くんとL男くんは、やりたくないって」
保育者「それで、けんかになっちゃったのか。E男くんが、やりたくないって、やめるときもあるの?」
E男「そういうばあいもある」
保育者「帰るときも一緒でしょ。帰るときはどう、けんかになっちゃうの?」
E男「けんかしてまいにち帰る」
保育者「けんかしたまま帰って、次の日どうしてるの?」
E男「帰って、ねて、つぎの日になるとわすれちゃうからだいじょうぶなんだけど、でも、また、けんかになる」
保育者「E男くんとG男くんと、L男くんは仲良しなの?」
E男「なかよしはなかよしなんだけど」
保育者「そうか。仲良しでも、上手に遊ぶのは難しいねえ」
E男「うん」 しばらく黙っているが、急に走り出し、G男たちの所に行く。その後また3人で遊び始める。

　事例の3人は、一学期半ばからいっしょに過ごすことが多く、E男が遊びの方向を決め、2人がそれに合わせて遊ぶという関係にありました。その後、G男が少しずつ主張するようになり、E男がどうにか押し切ることで衝突する場面が増えました。保育者は、E男と落ち着いて話す場面をつくり、話を聞き出すことで、E男自身がかかわり方を振り返ることができるように受け止めていきました。ひとしきり話をしたことで気持ちが晴れたのか、その後また関係に復帰しています。3人の不安定な関係はこの後もしばらく続きましたが、その経験をふまえることで、三学期には、落ち着いてお互いに交渉しながら遊ぶ姿が中心になっていきました。何となくうまく遊べないという気持ちを、ことばにしてみることで、気持ちが整理されることがあります。幼児が自分のことばで自分の気持ちを振り返ることができる状況をつくっていくことも大切です。

第3節　保育園・幼稚園におけることばをめぐる問題

【事例4－7】Aくん（6歳2ヶ月）は、ダウン症児です。他人がわかるような、音声としてのことばを発することができません。しかし、目の前で起こっている状況の把握などはよくできます。11月のある日、入園見学に来た親子を見つけたAくんは、その親子のところへ走っていきました。保育者に頼まれたわけではないのに、その子の手をとり、各保育室のプレートを示しながら、案内してくれたのです。そんなAくんが卒園の日を迎えました。「ほいくえんでたのしかったこと」を全員の前で一人ひとりが発表します。Aくんは、少し音を出しながら、ニコニコと身振り手振りで発表します。長い時間が過ぎたような気がしました。Aくんに続いて、担任保育者が「ぼくは、こまをまわすのがとてもたのしかった。こっちの手でまわしたり、こっちの手でまわしたりできた。ぼくは、○○小学校へ行きます」と代弁してくれました。

　保育園・幼稚園では、子どもたちが幅広い活動に楽しく取り組むことをめざしています。さまざまな生活経験が土台にあることで、ことばの世界を広げ、実を結んでいくことがあります。
　しかし毎日の園生活では、同時にことばをめぐる問題もあり（**事例4－7**）、保育実践での対応や、園と専門機関との連携も必要になります。ここでは、かみつき、吃音、ことばの遅れなどを取り上げてみます。

（1）かみつきについて

【事例4－8】2歳児が室内でブロックあそびをしています。Aくんは、Bくんの使っている青いブロックが欲しくてたまりません。Aくんが、いきなり奪い取ろうとしましたが、Bくんが、青いブロックを持って別の場所へ逃げていきました。二人は追いかけ合います。こんなことが数回くり返されました。そして、とうとうAくんが、Bくんの腕を噛んでしまい、Bくんは大声で泣き出しました。

このような場面で、保育者はどう考えて対応するのでしょうか。かみつきは、3歳未満児などの場合に、よく見られます。2歳児の場合、自分の気持ちや要求を「かして」「ちょうだい」などのことばで相手に伝えることがよくできていないことがあります。保育者は「Bくんに、『かして』って言うんだよ」と具体的に話す必要があります。また、ことばで伝えるだけではなく、噛まれてしまったBくんの腕を冷やすなどして、Aくんにも「ここがいたいって、ほら、みてごらん」などと、相手のことを考えるように対応することも大切です。

　かみつきがくり返されるとしたら、保育者たちで様子を出し合うことも必要でしょう。AくんやBくんだけではなく、子どもたちのあそびの様子、保育室の環境、ブロックの量が足りているかなど、検討する課題が出てくるかもしれません。

　かみついてしまう要因は、いくつか考えられますが、自分の気持ちや要求をことばで伝えることができない、過渡的な段階として把握することができます。

（2）吃音（きつおん）について

【事例4－9】Cくん（4歳）のお母さんはピアノ教室の教師でした。Cくんが習いたいからとのことで、バイオリンを習い始めました。週に1回、楽しく通っていると聞いていましたが、2ヶ月ほどしてから、教室に通う曜日になると不安そうな表情をすることがありました。同じ頃から、友だちとの会話でどもりが出始めます。友だちの間で「Cくん、へんなはなしかたしてるよ」などと話題になる頃には、Cくんのどもりはだいぶひどくなりました。

　3歳頃に見られる吃音（どもり）は、なんらかの要因があるようです。精神的な不安感、緊張感などから生じることもあります。Cくんの場合、新しい習い事が負担であったことが、後になってわかりました。

　日常の保育における対応としては、どもっていることを指摘したり意識化させることはよくないと言われています。まして、無理に言い直しをさせたりせずに、本人の気持ちをゆっくり聞いてあげてください。Cくんがどもることについて、友だちの間で噂をすることも、目で合図するなどしてやめさせたいものです。

(3) ことばが遅い子について

【事例4-10】Dくん（3歳）は動きがとても激しく、室内でよく走り回っていました。絵本や紙芝居のときも、落ち着いて見ていることがほとんどできません。短い内容の話であってもすぐに飽きてしまい、立ち上がって走り始めます。保育者は、Dくんの後を追いかけることになります。保護者の方にそうした様子を伝えるのですが、「うちの子は甘えているから」などと言われ、Dくんの現状へのとらえ方が園と保護者とで異なり、よく悩みました。

保育者間の話し合いをして、Dくんの遊びの中で夢中になれることを見つけていくことにしました。やがて、水遊びが好きであることがわかり、バケツに汲んだ水で楽しく遊びました。

そうしてDくんと気持ちが通じるようにもなり、空になってしまったバケツを持って「あっ、あっ」などとことばらしきことが出るようになっていったのです。

Dくんの毎日の中で、徐々にではありますが、保育者や友だちともやりとりしながら、遊べる場面が増えてきました。ただ、絵本の読み聞かせのときなどは、やはり集中できることが少ないのです。保育者の目から見て、Dくんは何らかの要因があってことばが遅れていると言えます。

そして、Dくんへの、発達に見合う援助はどうあればよいのかきちんと探ることになりました。家族の了解を得たうえで、発達支援センターや児童相談所と連携して、保育実践のあり方への検討が開始されました。

ことばをめぐって、気になる子どものケースが増えてきています。たとえば、「3歳男児：ことばによる指示には従うが会話がない」「4歳男児：ことばの発達は目覚しいが、オムツがとれない」（金村美千子他1998）などの例が指摘されています。

ことばに問題を持つ子どもへのかかわりについて、以下の見解を紹介しておきます。今後、さらに実践の中で深めていきましょう。

「かつて、言葉の問題と言えば、話し言葉、つまり発話（スピーチ）の問題ととらえられた。たとえば、発話ができない、発音がおかしい、言葉がスムーズにでないという問題のみに限定されたのである。しかし、言葉の問題の重度化、多様化に伴いさまざまなレベルでの問題が指導の対象に

なってきた。近年、発話から人と人とのやりとりとして言葉をとらえるようになり、人間関係が重要視され、『言葉の前の言葉』として、身振り・表情なども注目されるようになっている」(同上書)。

(4) ことばの障がいについて考える

　一般的には、すべての子どもがことばを獲得し、自分の思いをことばで表現できるようになると考えられています。しかし実際にはその時期になってもことばを発しなかったり、発語したとしても年齢にふさわしい形で表現できなかったりするケースが増えてきています。人間が豊かにコミュニケーションする場が急速に失われている現代において、ことばをめぐる障がいについても考えておく必要があります。

　1998年6月、国連子どもの権利委員会は、日本政府が提出した報告書と民間から提出されたカウンターレポート(反証報告書)を検討した結果、49項目にのぼる勧告を行いました。そしてそのうち22項目において「……(日本の)子どもが、極めて競争的な教育の制度によるストレスのために、発達上の障がいを被っていること、またこの極度に競争的な教育の制度によって、余暇、スポーツおよび休息が欠如していることを懸念する。本委員会は、さらに、不登校の数が膨大であることを懸念する」としています。

　国連の委員会から「懸念」を表明されることは異例なことです(清川2003)。2004年、2010年、2019年にも同委員会は日本政府に対して勧告を行っています。ことばをめぐる障がいと日本社会が生み出している極度に競争的な環境の関連も明らかにしておく必要があります。

❶ことばを発する以前の問題として
　1歳を過ぎてことばを発するにはその前の準備段階が必要です。子どもの発声・喃語が不足しているケースや、外からの働きかけに反応しないケースなどが発語に影響を与えることは言うまでもありません(鳥居1981)。周りの人々のていねいなことばかけと、子どもの表現に対する大人の反応などが問われていますが、競争社会・自己責任社会においてゆとりを持てない親たちは子どもへの反応を怠っています。

❷ことばを発する時期に出てくる問題

　世の中にことばがあるということがわかっても、他の子どもたちが日々新しいことばを発するのに比べて、ことばが一向に増えていかない子どももいますし、自分のことばを発することはできても、周りのことばを聞いてそれに答えることができない子どももいます。こうした子どもには特別なケアが必要です。

❸コミュニケーションレベルでの問題

　ことばをしゃべれるようになり、人がしゃべっていることばがわかるようになっても発音が不明瞭であったり、複数語の文が言えなかったりしてコミュニケーションが取りにくい子どももいます。こうした問題が単なる時間的な問題なのか、それともその子どもにかかわる本質的な問題なのかを見極めることも保育者には問われてきます。

　「個別の発達相談や保育園・幼稚園へ出向いての保育相談の中にはことばの発達に関する相談が最も多い」（秦野2000）とあるように、保護者にとってことばの問題は、目の前にはっきりと提示されることになるので関心も高くなります。

❹心理的原因などによるコミュニケーションの問題

　前述のように極度の競争の中で、子どものコミュニケーション能力に問題が生じていることが指摘されていますが、それ以外でも虐待などによるコミュニケーション障がいなどが起きています（岩立2002）。近年取り上げられるようになったADHD（注意欠陥多動性障がい）や学習障がいもコミュニケーション問題として考えなければなりません。更に自閉症などもことばにかかわる問題としてとらえておく必要があります。

第4節　保育者の「ことば」

（1）「ことばかけ」とは何か

　指導案上にもよく使われる表現の一つとして、「ことばかけ」がありま

す。「幼児に対してことばかけをする」と書かれていると、一見専門的な表現に見えます。しかしここでもう一度、「ことばかけ」についてその意味を考えてみる必要があります。

　保育者が何かことばを発したとき、それはすべて「ことばかけ」となるのでしょうか。もちろん、保育者が何らかの意図をもって幼児に働きかけるとき、「ことば」による働きかけは重要な方法です。一方で、幼児に対してことばを発するときには、そのときのことば以外の要素も合わせて幼児に作用しているはずです。たとえば、保育者がどのような表情をするか、目線をどこにするか、姿勢はどうか、幼児との位置関係はどこか、どのような雰囲気を醸し出そうとするかといったことです。保育者は、幼児にかかわる場面で、ただことばを発するだけではなく、ことば以外の多くの要素を意識的、無意識的に含んでかかわりをつくっていきます。そのかかわりをひとくくりに「ことばかけ」と表現してしまうことで、「ことば」にかかわり方が集中してしまう危険性があるように感じます。不安な気持ちでいる場面では、ことばを一つもかけず、そばに座ることが、最も適したかかわりである場合もあるでしょう。何かできた満足感を得ている幼児に対しては、無言で微笑むことがよい場合もあるでしょう。

　かかわりの中で「ことば」が必要でないということではありません。むしろ、保育者の「ことば」は重要な役割をもっています。だからこそ、幼児にすべてことばによってかかわらなければならないという意識は捨てるべきだと考えます。くり返しますが、「ことばかけ」と言うといかにも保育的なかかわりをしているかのように聞こえます。しかしその語感だけで「ことばかけ」という語を安易に使って表現を曖昧にしていないか、保育者のかかわりにおける「ことば」の果たす役割をとらえ直していかなければなりません。

（2）保育者自身の「声」「ことば」

　実習の課題として、幼児にお話をすることがあります。これには、幼児の前で話をすることに慣れる、いろいろなお話を調べてみるといった意味がありますが、加えて、自分自身の「声」を知るという意味もあります。自分の声を録音してから聞いてみると、思いがけない声だったという経験は誰でもあると思います。自分の声でありながら、一番それを知らないの

も自分なのかも知れません。

　幼児といっしょに生活する保育者にとって、場面、状況によって、声を使い分けられることは必要な力です。普段の生活では、いろいろな声を使うことは少ないでしょう。だからこそ、「お話をする」という実習を通して、登場人物に合わせたいろいろな声を試してほしいと思います。その中で、自分の持っている声にはどのような特徴があるのかを意識化することが大切です。お話をすることの要素としては、声の大きさ・声の高さ・速度や間の取り方・声色・声の表情などが考えられます。意識的に自分の声を駆使していくことで、日常の保育の中でも、状況に応じた声が見つかるようになるでしょう。それぞれ持っている声が異なる以上、どのような声が幼児に伝わりやすいかは、保育者自身が自分で探り、見つけていくしかありません。保育者は、「声」を意識するだけではなく、自分が発することば一つひとつを意識的に使う必要がある職です。保育者のことばは、そのとき限りのものではなく、幼児のことばを育てる環境であるという自覚をしなければなりません。

　作家である向田邦子さんのエッセイに次のような文章があります。

　「私は東京の南青山に住んでいる。お洒落のメッカ原宿に近いせいか、喫茶店に入ると、最新流行のファッションに包まれた若い人でいっぱいである。センスのよさに感心することも多い。しかし、感心するのは外側だけで、聞こえてくる会話には、ひどくガッカリしてしまう。ヤング向けの週刊誌や深夜放送のラジオから拾ってつなぎ合わせたような、調子はいいが全く内容も個性もないやりとりを延々と繰り返している。自分に似合う、自分を引きたてるセーターや口紅を選ぶように、ことばも選んでみたらどうだろう。ことばのお洒落は、ファッションのように遠目で人を引きつけはしない。無料で手に入る最高のアクセサリーである。流行もなく、一生使えるお得な『品』である。ただし、どのブティックをのぞいても売ってはいないから、身につけるには努力がいる。本を読む。流行語を使わない。人真似をしない―。何でもいいから手近なところから始めたらどうだろうか。長い人生でここ一番というときにモノを言うのは、ファッションでなくて、ことばではないのかな」（向田邦子「ことばのお洒落」『夜中の薔薇』講談社文庫より）。

　最高のアクセサリーである「ことば」――そんな「ことば」を身につけるために努力を積み重ねたいものです。

† **参考文献**

岩立志津夫・小椋たみ子編著『言語発達とその支援』シリーズ臨床発達心理学4、ミネルヴァ書房、2002年
心理科学研究会編『育ちあう乳幼児心理学』有斐閣、2000年
金村美千子編著『乳幼児の言葉』同文書院、1998年
清川輝基『人間になれない子どもたち―現代子育ての落し穴』枻出版社、2003年
鳥居次好『歩行と言語―身障の孫の成長の記録』三友社出版、1981年
秦野悦子「会話の難しい幼児たち」『言語』29巻-7号、大修館書店、2000年、22-29頁

コラム   Column

苦手意識に向き合って

　保育者をめざして学ぶ人の中には、学べば学ぶほど、自分は保育者に向いていないのではないか……と考えてしまう人もいるでしょう。ピアノが苦手、虫が苦手、絵を描くことが苦手など、自分の短所を意識化することがその一因であるようです。ことばにかかわって言えば、人前で話すことが苦手、要領よく自分の考えていることをまとめることが苦手、うまく字を書くことが苦手、早く書くことが苦手といったことが挙げられます。特に、人に話すことは、対子ども、対保護者、対職員（同僚、上司）、対地域の人、対他園・他校の先生など、保育の場面でたくさんあるという現実の中で、どうしても解決していかなければならない問題です。

　話す力をどのように身につけるか、もちろん場数を踏んで慣れるということが一つですが、他にも、自分が聞いていて心地よい話し方の人を真似してみることも一つでしょう。その時、ただ真似をするというよりは、なぜこの人の話し方は心地よくわかりやすいのかと分析しながら聞いてみるとよいのではないでしょうか。「話す」ことは同時に、相手が「聞く」ことによって成り立ちます。話すことが苦手だからと、話す力のスキルアップをめざし、ますます苦手意識が強まってしまうこともあるかもしれません。上手に聞く力をめざすことが、ひいては話す力につながるという考え方もあると思います。

　「話すこと」や「聞くこと」は、どちらも、ことばの世界です。ことばの世界は、とても不思議で、魅力的なものだと考えてみてください。ことばで表現されているものに、たくさん出会うことです。具体的には、絵本、お話、詩、小説などを読むことです。よく口ずさんでいる歌の歌詞（ことばの意味）にも、注意してみましょう。また、子どものことばやつぶやきにも、耳を傾けてみてください。はっとしたことばや、おもしろいなと感じたことばを、メモをしてみることも、おすすめです（160〜165頁参照）。

　最後に、「ことばかけ」について考えましょう。子どもに、「どのようなことばかけをすればよいか」、あるいは「してはいけないことばかけ」などの本もあります。しかし、実際の保育では、決まったフレーズを覚えて、「ことばかけ」をすれば、保育が上手にすすむわけではありません。いっしょにあそんだり、何を考えているのかなど、聞いてみましょう。声をかけてあげるときは、特別大きな音声である必要はありません。

> コラム　　　　　　　　　　　　　　　　　　　　　　　　　　　　　　　Column

ことばと地域性〜ごっこあそびから考える〜

　子どものことばに、方言を聞くことはありますか？　8章で紹介する口頭詩『ひなどり』には、地方のことばがよく登場しています。
　ごっこあそびから、ことばと地域性に目を向けてみましょう。幼児は、ことばを使い、自由にイメージの世界をつくります。

【事例】
　2歳児の「御柱（おんばしら）ごっこ」を見たことがあります。園庭で、子どもたちが、何か言い合いながら走っています。一人の子が、築山の上に行き「あーあー　いやあいやあーーおねがいだーーそれえー」などと言うと、他の子たちも真似をして続きます。これは、木遣り（きやり）を演じているつもりなのです。木遣りは、山車を引いていくときに歌われるもので、長野県諏訪地方の「御柱祭」で行われています。
　都内の保育園で、5歳児のお店やさんごっこを見学しました。聞こえてくる会話に耳を傾けてみると「おきゃくさま、あたためますか？」「あのう、カードでおねがいします」などのやりとりでした。4歳児は、室内で「エレベーターごっこ」をしていました。「いっかいです。レストランはこちらでございます」「えっ、レストランって9かいだよ」という具合です。

　幼児のことばやごっこあそびには、ずいぶん地域性があると思いませんか。子どもの発することばには、御柱祭の思い出、デパートやコンビニで買い物をした経験が土台にあります。つまり、幼児は自分の予備知識を総動員しながら、ある姿をことばでつくりだそうとしているのです。

　中沢和子は「幼児期におけるイメージの世界」で、「日本一雪深い上越市、昔は高田と呼ばれている土地ですが、私はここに暮らしてみて、"雪深い"というのがどんなことなのかを、自分の体験を通して知ることができたのです。そこでいえるのは、イメージというのは、事実と結びついたものであること。私たちがことばを受けとるのは、自分たちがイメージをもっているから、それと結びつけているということ。イメージをもっていなければ、日本語を話しているといっても、それを受けとることができません」と説明しています（『ことばに探る心の不思議』所収、ひとなる書房、1996年）。子どものことばと地域性の関係、幼児がイメージを形成するプロセスに関心を持ちましょう。

第5章 「ことば」を育てるあそび
——児童文化財にふれる

第1節　児童文化財とは

　「児童文化財」ということばを聞いたことがあるでしょうか。保育用語辞典によると、児童文化財とは「子どもの健全な心身の発達に深いかかわりをもつ、有形無形のもの、技術、活動などの総称。大人が子どものために用意した文化財や、子どもが自分の生活をより楽しくするために作り出した文化財がある。広義には、子どもの生活における文化事象全般。一般にはより狭義に、遊び、お話、玩具、図書、紙芝居、人形劇、音楽、映画、テレビ、ビデオなどを指す」とされています*。児童文化財と言うと非常に古典的で貴重なものをイメージしてしまいがちですが、もっと身近に存在するものだということがわかります。

＊森上史朗・柏女霊峰編『保育用語辞典』ミネルヴァ書房

　保育を行う上で、特に子どものことばを育む上で、児童文化財の存在は欠かせません。

　どのような児童文化財を活用するかという選択の基準は、子どもの発達や興味に応じているかどうかということになります。ただし、児童文化財を子どもに提供し演じるのは保育者自身ですので、保育者の人柄が直接反映されるということも、忘れないでください。そういった意味において保育者自身の感性や人間性を高めることは必要でしょう。

　子どもは、五感（視覚・聴覚・嗅覚・味覚・触覚）を通してことばを育みます。単にことばだけを伝えるのではなく、絵や写真とともにことばを添えたり、ことばをリズムにのせると、子どもは楽しみながらことばを獲得できます。本章では、保育活動でよく活用される、ことばを育てるあそびとしての児童文化財をいくつか紹介します。

(1) ことばあそび

　子どものことばに意識して耳を傾けていると、ことばを使って楽しんでいる場面に出会います。ある5歳児は、冬になると家のそばを通る灯油屋さんのトラックから流れてくる「♪おなべ　ふう　ふう　ふう〜」というワンフレーズを聞いて、「♪オナラ　プウ　プウ　プウ〜」とことばを変えて楽しんでいました。子どもはことばをある程度自由にあやつれるようになると、このようにことばを使って遊びます。なぞなぞあそびや、しりとりあそび、早口ことば（**資料7**）なども、ことばあそびの仲間です。しりとりあそびは、音節分解（自分の話していることばを音節にわけて考えること）や、音節抽出（ことばの中に含まれている音節を取り出すこと）が可能になって初めてできるあそびです。

　たとえば、「いちご」は「い」と「ち」と「ご」からできていて、「い」は「いえ」の「い」と同じだと気づけるようになることです。子どものことばに対する自覚化のはじまりと考えられます。このことばの自覚化が始まると、しりとりあそびのほかに、かるたあそびや、「あ」のつくことばあつめあそび、などのようなことばを使ったあそびも可能になってきます

資料7　早口ことば（いくつ言えるかな？）

・なまむぎ　なまごめ　なまたまご

・となりの　きゃくは　よく　かきくう　きゃくだ

・とうきょう　とっきょ　きょかきょく

・ぼうずが　びょうぶに　じょうずに　ぼうずの　えをかいた

・あかまきがみ　あおまきがみ　きまきがみ

・ぱぱのぱじゃまは　あおぱじゃま
　ままのぱじゃまは　あかぱじゃま
　ぼくのぱじゃまは　きぱじゃま

・かえる　ぴょこぴょこ　み（3）ぴょこぴょこ
　あわせて　ぴょこぴょこ　む（6）ぴょこぴょこ

(**資料8**)。非常に高度なことがらではありますが、このように子どもはことばあそびのなかで、楽しみながらことばに対する意識を深めているのです。

(2) 絵本

　絵本は、児童文化財としては戦後に大きく発展しました。絵と、絵にそった文章から展開される「もう一つの世界」とも言えます。本来は、家庭でお母さん・お父さんが子どもをひざにのせて読むような、個人向けの文化財です。絵本は大人が子どもに読んであげるものなのです。子どもは絵本のストーリーを耳で聞き、目で絵を読んでいます。絵本を読んでもらっている時間は、その大人の心も身体もその子が独占できるのです。大人のひざの上で絵本を読んでもらうという行為を通して、子どもは大人の肌の感触や声、自分に向けられている愛情までもしっかりと成長の糧としているのです。子どもにとっては、至福のときとなります。現在では、保育園や幼稚園などの集団でも絵本は多く用いられています。子どもの絵本にふれる機会が増えることは良いことですが、絵本はそもそも個人向けに作られているということを考えると、集団での読み聞かせ場面においては、絵が見えにくくなりますので、配慮して行うと子どもも読み聞かせの時間が楽しくなります。以下、❶子どもの育ちと絵本、❷絵本の特徴、❸読み聞かせでの配慮、について紹介します。おおよその目安として年齢も記しま

Chapter ❺ 「ことば」を育てるあそび──児童文化財にふれる

資料8　ことばあつめあそび

なってみよう

湯浅　とんぼ　作詞
中川ひろたか　作曲

（筆者が実践した遊び方の例）

♪「あ」のつくものなあに　「あ」のつくものなあに（考える）
　「あり」になっておどろうよ　チャンカチャンカ　チャンカチャンカ、チャンカチャンカ　チャンチャン
♪「い」のつくものなあに　「い」のつくものなあに（考える）
　「いぬ」になっておどろうよ　チャンカチャンカ　チャンカチャンカ、チャンカチャンカ　チャンチャン

ふうせん

湯浅　とんぼ　作詞
中川ひろたか　作曲

（筆者が実践した遊び方の例）

♪あかいふうせん　ルルルー　そっとかぜにあげたらー　フワフワー　フワフワー
　あかいとんぼになった（まずは歌ってあげる）
♪あかいふうせん　ルルルー（子どもたちに「今度は何にしようかな？」と問いかける。「りんご」
　「チューリップ」などの声をひろって）そっとかぜにあげたらー　フワフワー　フワフワー
　あかいりんごになった

　また、ペープサートの片面にあかいふうせん、裏面にあかいとんぼを描いて歌うのも楽しいです。子どもたちと遊びながら、他にも自由に展開してみましょう。

すが、子どもが興味を持っている絵本ならば、<u>対象年齢にこだわることなく読んであげたいものです</u>。絵本を通して、子どもと養育者の間の豊かなことばや心の交流が子どもの育ちには大切なのです。

❶子どもの育ちと絵本

　子どもが好きな絵本、子どもに出会ってほしい絵本はたくさんありますが、ここではそのほんの一部を紹介します。前述しましたが、年齢はあくまでも目安です。それぞれの子どもやクラスによって、好まれる絵本は違いますので、子どもが興味を示している絵本を選択することが大切です。

〈およそ1歳頃から〉
『がたん ごとん がたん ごとん』 安西水丸作　福音館書店
　タイトルそのままに、「がたんごとん　がたんごとん」というリズミカルな言葉に思わず体も動きます。次のお客さんは誰かなと、わくわくしながらページをめくっていきます（p.135に実践）。

『ねないこ だれだ』 せなけいこ作・絵　福音館書店
　一見してわかる独特なせなけいこさんの絵。安心できる大人に読んでもらうことで、少し怖いおばけの世界、夜の世界へと、引き込まれていきます。

『ねないこ だれだ』

〈およそ2・3歳頃から〉
『おおきなかぶ』
　　ロシアの昔話／A・トルストイ再話／内田莉莎子訳／佐藤忠良画　福音館書店
　大きなかぶと少しずつ増えていく登場人物の様子から、大地の広がりや動きまで感じられます。繰り返しの言葉が、それを支えています。

『ぐるんぱのようちえん』 西内ミナミ作／堀内誠一絵　福音館書店
　象の「ぐるんぱ」は、何をやってもうまくいかず、いつもひとりぼっち。ところが、思いがけないところで居場所を見つけるぐるんぱに、よかったねと伝えたくなります。

『しょうぼうじどうしゃじぷた』 渡辺茂男作／山本忠敬絵　福音館書店
　乗り物が主人公となるお話は、子どもたちに人気です。大きなはしご車、ポンプ車、救急車に憧れる小さな消防車「じぷた」。それぞれ違った役割があることに気づかされます。

『どうぞのいす』

『どうぞのいす』 香山美子作／柿本幸造絵　ひさかたチャイルド
　ロバの作った「どうぞのいす」。かわるがわる動物がやってきて、いすを使います。その最中、居眠りを続けていたロバですが……。最後に目覚めたときの驚きに心温まります。

『パパ、お月さまとって！』 エリック・カール作／もりひさし訳　偕成社
　エリック・カールのデザイン的な画風によって、月がユーモラスに描かれています。しかけのページもあり、自分でめくりながら、月を本当にとったような気持ちになります。

『パパ、お月さまとって！』

Chapter ❺ 「ことば」を育てるあそび──児童文化財にふれる

『こんとあき』

〈およそ4・5歳頃から〉
『おしゃべりなたまごやき』寺村輝夫作／長新太画　福音館書店
　寺村さんの「王さまシリーズ」は、子どものような王様が巻き起こす出来事の数々によって構成されています。いたずら心の中に、優しさ、明るさを感じる物語です。

『こんとあき』林明子作　福音館書店
　ぬいぐるみの「こん」と女の子「あき」が意を決して旅に出かけます。互いに助け合いながら、たくましく進んでいく姿に、読む側もがんばってと応援したくなります。

『スイミー』レオ＝レオニ作／谷川俊太郎訳　好学社
　大きな海の中で繰り広げられる、美しくもあり厳しくもある世界。レオ＝レオニのメッセージが込められたお話を、ゆったりとした絵とともに感じます（p.121参照）。

『どろんこハリー』

『どろんこハリー』ジーン・ジオン文／マーガレット・ブロイ・グレアム絵／
　　　　　　　　　　渡辺茂男訳　福音館書店
　お風呂嫌いな犬・ハリー。どろんこになって帰ってくると、飼い主家族に気づいてもらえません。最初から最後までハリーと同じ気持ちを感じる子どもが多いようです。

〈童話リスト〉
『いやいやえん』中川李枝子作／大村百合子絵　福音館書店
　動物と小さな子どもたちが主人公のお話ばかりの童話集です。ありそうでないストーリー、でもやっぱり、あるかもしれないと、思わず引き込まれていきます。

『エルマーのぼうけん』ルース・スタイルス・ガネット作／
　　　　　　ルース・クリスマン・ガネット絵／渡辺茂男訳　福音館書店
　お話を聞きながら、子どもたちの中にある冒険する心が、わくわくと動かされます。毎日少しずつ読み聞かせをすすめることで、続きが楽しみになっていきます。

『月の輪グマ』

『椋鳩十全集（全26巻）』椋鳩十作　ポプラ社
　あえて、全集としました。椋さんの作品はどれも「愛情」や「命（生きること）」、さらに「心の交流」が描かれています。年長の子どもたちが目を生きいきさせながら、たびたび催促のあった童話シリーズです。例えば『月の輪グマ』では、子グマを助けるため滝つぼに飛び降りた母グマの勇気と愛情に引き込まれます。『片耳の大シカ』は、じぶんを殺そうと追って来た人間を助けるといった、人間と動物の心の交流に保育者も感銘を受けます。

『ロボット・カミイ』

『ロボット・カミイ』古田足日作／堀内誠一絵　福音館書店
　空箱で作ったロボットと子どもたちの物語。園生活が舞台になっており、自分たちの生活と結びつけながら聞くことでしょう。一冊の中に心揺さぶられる場面が数多くあります。

　次ページではさらに、対象年齢ごとによく読まれている絵本・童話を、筆者の保育経験から表にまとめました。幅広く物語の世界にふれてみましょう。豊かな魅力を子どもたちに伝えたくなるのではないでしょうか。

	書名	作者名	出版社
1歳頃から	あーんあん	せなけいこ作・絵	福音館書店
	いないいないばあ	松谷みよ子文／瀬川康男絵	童心社
	おつきさまこんばんは	林明子作	福音館書店
	きんぎょが にげた	五味太郎作	福音館書店
	くだもの	平山和子作	福音館書店
	たべたの だあれ	五味太郎作	文化出版局
	ぐりとぐら	中川李枝子作／大村百合子絵	福音館書店
2・3歳頃から	三びきのやぎのがらがらどん*	ノルウェーの昔話／マーシャ・ブラウン絵／瀬田貞二訳	福音館書店
	しんせつなともだち	方軼羣作／君島久子訳／村山知義絵	福音館書店
	ぞうくんのさんぽ	なかのひろたか作・絵／なかのまさたかレタリング	福音館書店
	そらいろのたね	中川李枝子作／大村百合子絵	福音館書店
	だるまちゃんとてんぐちゃん	加古里子作・絵	福音館書店
	タンタンのぼうし	いわむらかずお作	偕成社
	てぶくろ	ウクライナ民話／エウゲーニー・M・ラチョフ絵／内田莉莎子訳	福音館書店
	はじめてのおつかい	筒井頼子作／林明子絵	福音館書店
	はらぺこあおむし	エリック・カール作／もりひさし訳	偕成社
	わたしのワンピース	にしまきかやこ作	こぐま社
4・5歳頃から	アンジュール　ある犬の物語	ガブリエル・バンサン作	ＢＬ出版
	おおきなおおきなおいも	市村久子原案／赤羽末吉作・絵	福音館書店
	おおきな木	シェル・シルヴァスタイン作／村上春樹訳	あすなろ書房
	からすのパンやさん	かこさとし絵・文	偕成社
	くまのコールテンくん	ドン・フリーマン作／松岡享子訳	偕成社
	ごんぎつね	新美南吉作／黒井健絵	偕成社

『おつきさまこんばんは』

*p.120に実践

『てぶくろ』

『おおきな木』

『からすのパンやさん』

『11ぴきのねこ』

*p.121参照

**p.124に実践

***p.124に実践

	書名	作者名	出版社
4・5歳頃から	じごくのそうべえ	田島征彦作	童心社
	11ぴきのねこ	馬場のぼる作	こぐま社
	すてきな三にんぐみ	トミー・アンゲラー作／今江祥智訳	偕成社
	手ぶくろを買いに	新美南吉作／黒井健絵	偕成社
	にじいろのさかな	マーカス・フィスター作／谷川俊太郎訳	講談社
	100万回生きたねこ	佐野洋子作・絵	講談社
	フレデリック*	レオ＝レオニ作／谷川俊太郎訳	好学社
	まっくろネリノ	ヘルガ・ガルラー作／矢川澄子訳	偕成社
童話	おしいれのぼうけん**	古田足日・田畑精一作	童心社
	新美南吉童話選集（全5巻）	新美南吉作	ポプラ社
	ふらいぱんじいさん	神沢利子作／堀内誠一絵	あかね書房
	ぼくは王さまシリーズ***	寺村輝夫作	理論社
	もりのへなそうる	渡辺茂男作／山脇百合子絵	福音館書店

❷絵本の特徴（絵本を通して子どもの何が育つのか）

❶では、子どもの育ちに応じた絵本の紹介をしましたが、それら絵本の読み聞かせを通して子どもの何が育つのでしょうか。みなさんも、実習または日々の実践から考えてみてください。

◆情緒の安定

幼い頃は、保護者や保育者に読んでもらうことがほとんどです。読んでいる絵本を通して、さまざまなやりとりをします。そうすると、読み手との心のつながりが強まり、情緒が安定します。

◆豊富な語彙

子どもは、同じ絵本をくり返し読んでもらうことを好みます。何回も読んでもらっているうちに、自然と絵本の中のことばを覚えていきます。また、大人とともに絵本を読みながら絵本について話をするうちに、ことば

で表現する力も自然と育っていきます。
◆豊かな想像力
　絵本には、子どもの経験したことのない内容が豊富です。それを絵とことばからイメージします。また、話の内容を、限られた絵から想像していくので、想像力が豊かになります。
◆その他（保育者の願いが子どもの育ちへとつながる）
　みなさんが子どもに読み聞かせを行うとき、「この絵本からこんなことを伝えたい」と必ず願いを持って読み聞かせを行っていることでしょう。その日々の願いの積み重ねが、絵本の読み聞かせを通して、子どもの育ちの糧となります。

❸読み聞かせでの配慮
　絵本は、集団に読み聞かせることを前提として作られていません。しかし保育の実践では日常的に活用しています。そのことをふまえ、集団で絵本の読み聞かせを行う場合の配慮をまとめます。

◆絵本の大きさ・絵の鮮明度
　少し離れたところから見る子どももいることを考え、そのような子どもにも見えるような絵本を選ぶと、絵本が見える・見えないなどの子ども同士のトラブルにもなりにくく、子どもにとっても絵本の時間が楽しくなります。
◆下読み
　紙芝居と違い、絵本の場合は読み手にとって文字が見えにくくなります。保育者の頭が邪魔をして、子どもが絵本を見えなかったということが起きないように下読みを行いましょう。下読みを行うことによって、絵本の内容の把握や子どもが見やすい絵本の持ち方、間の取り方、ページのめくり方なども、内容に添ってできるようになります。ページをめくりながらお話がすすんでいくというのは、読み聞かせならではの特徴です。子どもが不思議と絵本の世界に吸い込まれていく様子がわかります。下読みをしておけば、保育者（読み手）にも、気持ちの余裕がうまれ、子どもの様子に合わせて絵本を読みすすめることができます。読み手が落ち着いていると、自然と子どもも落ち着いて絵本を見ています。

Chapter ❺ 「ことば」を育てるあそび――児童文化財にふれる

資料9　実践事例：心ゆくまで絵本を楽しむ

　H保育園の1歳児クラスの子どもたちは絵本が大好きです。保育者に読み聞かせをしてもらったり、子どもが個々に絵本を楽しんでいたりと、いつでも絵本と出会える環境が整えられています。保育室には子どもたちが手に取りやすいように、絵本箱が用意されています。このクラスの子どもたちは、1歳児クラスだから絵本に親しんでいるわけではありません。0歳児クラスの頃から、子どもが要求すればいつでも保育者が膝の上で個々に読み聞かせを行っていたという生活の積み重ねがあるのです。さて、Aくん（1歳児）は、クラスの中でも特に絵本が好きな子どもです。

【まる　まる】

　冬のある晴れた日、Aくんが、0歳児クラスの保育室に絵本を持ってちょこちょことやってきました。他の1歳児クラスの子どもたちは園庭で遊んでいます。Aくんは担任保育者の誘いも断り、絵本『まる　まる』を持って0歳児クラスにやってきたのです。このときは、園庭遊びよりも絵本を読みたかったようです。

　0歳児クラスを訪れたAくんに、たまたまいらした園長先生が声をかけました。「Aくん、いらっしゃい。あら『まる　まる』の絵本ね。『まる　まる』読みたいの？」するとAくんは、園長先生の隣にちょこんと座り、絵本を差し出しました。窓から差し込んでくるあたたかな日差しの中、園長先生とAくんとの絵本タイムがゆったりとゆったりと過ぎてゆきます。園長先生の「まるまる……」ということばやリズムを真似るようにAくんも「まるまる……」と後に続きます。

『まる　まる』
中辻悦子 作、福音館書店

　何度かくり返し読んだ後、園長先生が「Aくん、ごめんなさい。園長先生ね、職員室にご用事ができてしまったの。また読みましょうね」と、そうAくんに伝えて退室しました。するとAくんは、自分で絵本を開き「まるまる　まーる」「まるまる　んーかく（しかくのこと）」「まるまる　あはははは」とページをめくりながら読み始めました。その読み方は、担任保育士の読み方にとても似ています。文字は読めませんから、保育者に読み聞かせてもらい暗記をしているのでしょう。そうして一人で楽しむと、今度は保育室にいる他の保育者を見まわし、読んでもらえそうな保育者のもとへ行き、絵本を差し出し、再び読み聞かせをしてもらっています。1冊の絵本を、一人で読んだり、保育者と共感しながら読んだりとAくんの絵本タイムは保育者のあたたかなまなざしの中で豊かに過ぎていきました。

【にらめっこ】

　『まる　まる』に満足をしてきた頃、Aくんは新たな絵本に興味を持ち始めました。『にらめっこ』（中村徹 作／せべまさゆき 絵、フレーベル館）という絵本です。保育者と「あっぷっぷ」と声を合わせることに特に興味を抱いたようです。一人の保育者に2回くらい読んでもらうとどうやら満足をするようで、そうすると次の保育者に2回くらい読んでもらうというパターンをくり返しています。『にらめっこ』を読むことを通して、Aくんが、親しみを持っている保育者たちに共感して欲しい、共感したいという気持ちのあらわれのようにも考えられます。

　Aくんのエピソードが教えてくれているように、わずか1冊の絵本ですが、その絵本を通して子どもはさまざまなことを感じ、学び、人として生きていく力を蓄えています。0歳児からの保育者の丁寧な関わりやAくんに向けるあたたかなまなざしを、Aくんは生きていく源としてしっかりと身体に蓄えていることでしょう。

（事例提供：平塚市公立保育所）

◆持ち方

　後ろに座っている子どもまで見えるような高さで持ちましょう。片手は本のとじを、もう片手はめくるページの端に添えます。絵本がゆれたりすることがないように配慮してください。読み聞かせをしてもらう子どもの立場になって、子どもが見やすい持ち方をしましょう。

　絵本の読み聞かせの時間は、保育者と子どもたちとが心を一つにできる貴重な時間になります。ある２年目の保育者は次のように語っています——「慌ただしく一日が過ぎていく中で、時には、子どもとのかかわりが不十分のまま降園の時間を迎えてしまうこともあります。その反省から、降園の時間に必ず絵本を読んでいます。腰を下ろして絵本を読みながら子どもの顔を見て、子どもとの会話を楽しみます。最初はうまくいきませんでしたが、毎日くり返しました。私が落ち着いて絵本の時間を迎えると、子どもも落ち着いていることがわかります。一日の園生活の中で満足しきれないまま降園時間を迎えている子も様子でわかります。絵本の時間は、私と子どもの心を結ぶ大切な時間です」。保育者が、どのような意図を持って絵本の読み聞かせの時間を設けているのかは、子どもの育ちの中にあらわれます。読み聞かせの時間は、もしかするとわずか15分足らずかもしれませんが、"時間つぶし"のための「絵本の読み聞かせ」という考え方は、子どもの育ちにふさわしいでしょうか？　今日あなたは、この１冊の絵本をどのような願いをもって子どもに読み聞かせるのでしょうか？　この絵本を読み聞かせることによって子どもの何を育てたいのでしょうか？
　あらためて考えてみてください。

（3）紙芝居

　紙芝居は、小集団向けに作成された日本独自の児童文化財です。近頃海外でも、日本の児童文化の良さにならい取り入れている国も見られます。
　日本には古来より「絵解き(えと)」と言って、絵を見せながら物語を語って聞かせる伝統がありました。現在の紙芝居は「平絵」をさしますが、江戸時代末期の「写し絵」（上方では錦影絵）というスライドを工夫した動く幻灯が起源と言われています。その後明治時代に入って「立絵」（現在のペープサート）、大正末期から昭和初期にかけて現在の「平絵」の紙芝居へ

と変化をしていきました。特に、昭和8年に今井よねによって始められたキリスト教紙芝居をきっかけに、教育・保育の場にも広く普及されたと言われています。

　紙芝居は"演じる"ものであるため、読み方、抜き方、間の取り方など、作品に合わせた演じ方が大切になります。演じる大人は、演じ方を十分理解してから読むと、子どもの紙芝居の世界への引き込まれ方も違ってくるはずです。

　紙芝居は「舞台」（写真）に収めて演じられることを前提として作られていますので、その使用で紙芝居本来の良さが表現されます。また紙芝居は小集団向けに作られています。見る側の子どもも見やすく、理解しやすいことが特徴です。比較的手軽に演じられます
ので、保育教材としても利用しやすいです。幼児後期になると、保育者を真似て子ども同士で紙芝居の読み聞かせごっこを行う姿なども見られるようになります。

(4) わらべうた（手あそび）

　わらべうた（手あそび）は、保育の中ですぐに活用できる児童文化財の一つです。どのような場面で活用されているでしょうか。

日ごろの保育の中で、活動と活動のつなぎとして使用されがちであり、ことばは知っているけれどよくわからないという声もよく聞く「わらべうた」について少しふれたいと思います。

❶わらべうたとは
　「♪カラスがなくからか〜え〜ろ」「♪あ〜がりめ　さ〜がりめ　ぐるっとまわって　ねーこのめ」などのような歌を歌った記憶はありませんか？
　子どもたちが毎日の生活やあそびの中で自然に創り出してきたものが、わらべうたです。あるときはおじいちゃん・おばあちゃんから孫へのやさしいことばかけであったり、ふれあいあそびという大人から子どもへと歌い継がれてきたりしたものもわらべうたと言われているのです。わらべうたは外国にもあります。
　わらべうたには歴史があります。現在考えられているようなわらべうたは、江戸時代に誕生したとされています。童謡や唱歌と混同されやすいですが、それらとは違います。童謡や唱歌は、大人が子どもの教育のために作詞作曲したものですが、わらべうたは、すべてとは言えないものの、作詞作曲が子ども自身なのです。

❷わらべうたは心の栄養
　育児や保育を行う女性が、乳幼児に語りかける独特な語りかけを「マザリーズ」（母親語）（コラム p.33）と言います。マザリーズは、声を通してお母さんの愛情を赤ちゃんに届けています。「ママは、あなたのことを愛おしく思っていますよ」というメッセージなのです。そのマザリーズによって赤ちゃんは自分が愛されていることを感じとり、情緒の発達がうながされます。わらべうたにも共通することが言えます。
　実際にわらべうたを用いた子どもとのかかわりを紹介します。

♪いない　いない　ばあ
　次の写真の赤ちゃんは、およそ生後4ヶ月の男児Ｊくんです。抱っこしているのは、Ｊくんのおばあちゃんです。以下は、おばあちゃんとＪくんのやりとりです。

【事例5-1】
Jくん：（抱っこの姿勢から突然）身体を伸ばす
おばあちゃん：「いない　いない……」（と、マザリーズに節をつけて、Jの動作に合わせてことばを添える）
Jくん：身体を起こそうと首を持ち上げる。
おばあちゃん：「ばあ」（と、言いながらJくんの身体を起こす）
Jくん：「んー、んー」（おばあちゃんと目を合わせながら嬉しそうに声を出す）

「いないいないばあ」あそびは、赤ちゃんに喜ばれる代表的なわらべうたです。普通は、顔を手や布で隠し再び顔を見せるという方法をとりますが、この赤ちゃんの場合は、いつの間にか覚えた、身体をそらして「いないいないばあ」あそびを楽しんでいます。身体の動きに合わせた、おばあちゃんの声かけや、スキンシップ、このあそびが飽きるまで付き合ってくれるおばあちゃんのJくんに向けられた愛情を、わらべうたあそびを通して、Jくんはしっかりと心の栄養として蓄えています。

♪おじいさん　おばあさん　おこしがいたい

このわらべうたは、歌詞に合わせて両手を腰の後ろで組みながらお年寄りのように腰を曲げて歩くあそびです。

【事例5-2】Jくんが3歳のときのことです。Jくんが、自宅のテーブルの周りを腰を曲げながらグルグルと歩いていました。その様子を見たJくんのおばあちゃんは微笑みながら、「あらまあJくん、お腰が痛くなっちゃったのね。おじいさん・おばあさんになっちゃったのね」と語りかけた後、「♪おじいさん　おばあさん　おこしがいたい　おじいさん　おばあさん　おこしがいたい……」と、Jくんの歩みに合わせて歌を歌いました。Jくんはとても気に入った様子で、何度も何度もテーブルの周りを、おばあちゃんの歌に合わせて腰を曲げながら歩いてい

ました。

　数日後、Jくんは「バアバ、おじいさん・おばあさんのうた、うたって！」と、おばあちゃんに頼んでいました。おばあちゃんが歌い出すと、Jくんは嬉しそうに腰を曲げてテーブルの周りを何周も歩いていました。

　しばらくしたある日、今度はJくんから「バアバ、みて！」と、おばあちゃんに声をかけました。Jくんは、玩具のブルーのバットを杖の代わりにして腰を曲げながら「ほら、ほんとうにおこしがいたいみたいでしょ？」と言って歩いていました。おばあちゃんは、Jくんのその動作に合わせるように「おじいさん　おばあさん　おこしがいたい」とくり返し歌を歌いました。

　腰を曲げて歩くという単純な行為に、歌詞をつけ、節をつけるだけで、単純な行為から大人と子どもとの心の通った遊びへと変化します。

　Jくんにとっては、自分の行為が認められているという喜びがあります。また、この遊びをおばあちゃんといっしょになって楽しんでいる、おばあちゃんがJくんのこと（思い）をちゃんと受け止めてくれているという満足感・安心感をもたらします。おばあちゃんが歌ったわらべうたによってJくんは、おばあちゃんからの愛情を確実に心の栄養にして蓄えているのです。

　参考までに、Jくんは小学生になってもこのおばあちゃんのことが大好きで、「ぼくのバアバ」と特別に呼んでいます。またJくんは一人っ子の核家族ですが、Jくんが考える家族には「パパ、ママ、ボク、ボクのバアバ、ボクのジイジ」と、同居していない（母方の）祖父母も含まれます。このことは、同居こそしていませんが、祖父母が折りにふれJくんに対し

て昔ながらのわらべうたを活用しつつ（Ｊくんの祖父母は実に多くのわらべうたを知っていました）、心の交わりを大切にしてきた証とも言えるのではないでしょうか。

　子どもとふれ合うとき、単にことばでふれ合うことも一つの方法です。ですが、節のついているわらべうたを活用してふれ合うと、子どもはことばや世話をしてくれている大人の愛情を受け入れやすいようです。皆さんもぜひ、実践してみませんか？

◆わらべうたに挑戦

　以下に、みなさんがよく知っているわらべうたを紹介します。よく知っているはずなのですが、いざ保育に入るとなかなか活用されません。ぜひ実践し、保育者としての引き出しを豊かにし、子どもとのことば豊かなかかわりの一助としてください。０歳児クラスを担当している３年目の保育士が、このようなことを言っていました――「げんこつやまのたぬきさんとか、手の振りをつけなくてもいいから歌っていると、子どもたちがとても嬉しそうな表情になってくれるんです。わたしにはたくさんのレパートリーがあるわけではないけれど、ちょっと機嫌の悪そうな子がいても歌うと笑顔になったりするので、なるべく保育中は歌うように心がけるようになりました。わらべうたって、この時期の子どもたちには必要ですね」。

〈わらべうたの例〉
♪ちょちちょちあわわ／♪はなはな／♪いないいない　ばあー／♪あがり目さがり目／♪一本橋こちょこちょ／♪げんこつ山のたぬきさん／♪なべなべそこぬけ（資料12　129〜131頁）

（５）お話

❶お話（素話(すばなし)）の魅力

　お話は、保育者の自然な声で子どもに聞かせます。お話の一番の魅力は、語りの内容から、子どもたちが自由に世界を想像する楽しさだと言えるでしょう。現代は、子ども、そして大人たちも、メディアばかりに囲まれていますが、自然な語りを通して、ゆっくりとすすむ時間を大切にしてほしいものです。人と人とが目を合わせながら、語り、聞くという関係

は、保育の原点とも言えます。

　お話に登場する主人公といっしょに、笑い、泣きながら、そして展開される情景を自由に想像しながら、ひとときを過ごしてみてはどうでしょうか。

❷お話を選ぶ、覚える

　初めは、自分がよく知っている好きな物語を選んでみましょう。はっきりとしたストーリーであることや、くり返しなどがあること、季節に合っていることなどを考えてみましょう。

　ストーリーは短めの内容から始めるのがよいと言えます。そして、何回も声に出して練習しながら、ことばで覚えてみましょう。

　どのようなお話を選ぶかは自分で決めればよいのですが、お話の内容により年齢などの目安もありますので、章末の参考文献（p.128）を活用してみてください。

❸お話を語る（実践してみよう）

　覚えると述べましたが、語り手自身がお話の世界に入り込むことが大事です。そして、はっきりとした声で、なるべくゆっくりとしたテンポで話してみましょう。そして語るときは、子どもたちの目や表情をよく見ながらすすめてみましょう。

　実践を重ねるうちに、お話を聞かせる雰囲気の大切さなどにも気がついていきます。お話の内容に集中できるように、光が強く入りすぎないように、カーテンを引くなど工夫してみてください。

　保育者がお話の世界を楽しめるようになると、子どもたちのあそびにも発展していくことがあるでしょう。

　現代社会は視覚情報に慣れてしまっているとも言えますが、お話は、語られることばの世界にふれること、聞くことの楽しさを経験できる保育実践として位置づけることができるでしょう。

第2節　教材研究のおもしろさ

（1）さあ、実践してみよう――「教材研究カード」の作成・活用

　絵本・紙芝居についての基礎を学んだら、さっそく実践してみましょう。その際、まず「教材研究カード」をつくってみましょう（**資料10、11**）。

　実際に、絵本や紙芝居を子どもたちに「読み聞かせをする」「演じる」という実践をくり返しながら、技術は向上していきます。いつも上手にできるとはかぎりません。むしろ、失敗もしながら、児童文化財について新しい発見や魅力に気がついていきます。教材研究は、児童文化財に取り組む基本的作業です。「教材研究カード」に書名、作者名、出版社名、発行年などの事項を記入します。

　次に、下読みをしながら、絵本や紙芝居のあらすじをまとめておきます。内容が「何歳児向き」とある場合は、参考になりますので記入します。

　大切なことは、実践してからの記録です。実習や保育ボランティアで、読み聞かせを経験した場合、「実践した結果・反省点」の欄に記入します。子どものことばや反応もメモしておきましょう。子どもたちは、絵をよく見ています。内容がおもしろかったかどうか、読み終わった瞬間の雰囲気や子どもの表情なども振り返っておくとよいでしょう。

　紙芝居の場合、絵本・お話とはやや異なる部分があります。一つは、枚数をきちんと確認する作業です。紙芝居は、一枚ずつ「ぬく」ことが大事な意味を持つからです。下読みでは、上下左右も揃えておきます。

　二つ目は、「演出ノート」です。紙芝居の作者は、内容を魅力あるものにするため、演じ方を大事にしてほしいと考えています。紙芝居の裏面には「演出ノート」が記入されています。たとえば、「はじめは小さい声で、だんだん大きくして読む」とか「線のところまでぬいて、いったん止める」「ここはすばやくぬく」「子どもたちといっしょに掛け声をかける」などです。中には、場面の中で歌が登場する紙芝居があります。裏面に楽譜が書かれているので、練習しておく必要があります。

　絵本・お話・紙芝居などの作者についての研究も、時間をかけて取り組

資料10　教材研究カード（絵本・お話の場合）

○実践した日時：　　　　年　　　月　　　日（　　）曜日　　　　　時頃
　クラス（　　　　　　　組　　　歳児）
○書名（　　　　　　　　　　　）作者名（　　　　　　　　）頁数（　　　　）
○出版社名（　　　　　　　　　　　）発行年（　　　　　　　）
○あらすじ

○対象年齢（　　　　）歳児向き

○実践した結果・反省点
（子どものことば、反応等）

○作者の研究

○参考文献
　・
　・
　・

Chapter ❺ 「ことば」を育てるあそび──児童文化財にふれる

資料11　教材研究カード（紙芝居の場合）

○実践した日時：　　　　年　　　月　　　日（　　）曜日　　　　　時頃
　クラス（　　　　　　組　　　歳児）
○タイトル（　　　　　　　　　　　　）作者名（　　　　　　　　）枚数（　　　）
○出版社名（　　　　　　　　　　　　）発行年（　　　　　　　）
○あらすじ

○対象年齢（　　　　）歳児向き
○演出ノート（演じるにあたってのポイント）

○実践した結果・反省点
（子どものことば、反応等）

○作者の研究

○参考文献
　・
　・
　・

むことをおすすめします。作者への理解がすすむことで、作品への興味・関心がさらに広がっていきます。絵本作家の生い立ちを調べてみると、それに関係して作品内容に変化があることもわかります。

　以上2種類の「教材研究カード」を示しましたが、自分なりに工夫しながら楽しく準備していきましょう。

（2）教材研究と実践事例の紹介

❶絵本との出会い
『三びきのやぎのがらがらどん』
北欧民話／マーシャ・ブラウン 絵／瀬田貞二 訳
福音館書店

『三びきのやぎのがらがらどん』

　今から30年近くも前、私が保育士3年目の頃の経験です。絵本の読み聞かせは、どうしたらうまくいくのかと、考えている頃でした。お昼寝の前、今日も5歳児クラス担任のA保育士による『三びきのやぎのがらがらどん』が始まります。子どもたちは、絵本の内容を期待してか、早くも興奮気味でした。

　私の受け持つクラスは、隣の部屋の4歳児です。初めのうち、5歳児クラスから聞こえてくる様子に耳を傾けていましたが、A保育士にお願いして、いっしょに見せてもらうことにしました。三匹のやぎたちが橋をわたる場面、トロルの凄みのある声に、いつもハラハラドキドキしています。子どもたちは、場面展開を詳しく覚えていきますが、それでも何度も読んでほしいのです。

　あんなふうに、子どもを惹きつけるような読み聞かせをしたいものだといつも感じていました。A保育士がくり返し絵本を研究していたことを、後になって知りました。やぎの目や表情、トロルの声、絵本に出てくる細かい場面を子どもがどんなふうに見ているのか、A保育士は子どものことばや雰囲気を詳しくメモしていました。

　それからしばらくして園長職についていたとき、またこの絵本をめぐって不思議な出会いがありました。それは、保育者2年目になるB保育士の読み聞かせでした。

　B保育士は2歳児クラスの担任で、『三びきのやぎのがらがらどん』を

読んでいました。一人の子どもをひざに入れて、私も見せてもらったことがありました。ところが、やぎたちはもちろんですが、橋の下にいるトロルも少しも怖くないのです。そして、一番初めのやぎ、続いて二番目のやぎが橋をわたる場面ですが、「カタンコトン、カタンコトン♪」と、とてもきれいな楽器のように響く声なのです。B保育士の、静かな楽しい読み聞かせに、2歳児たちは吸いよせられるように絵本の世界に入ってしまうのでした。B保育士は、2歳児たちに「トロルの怖さだけではなく、やぎのかわいらしさを伝えたい」と言っていました。B保育士のクラスでは、読み聞かせをきっかけにして「がらがらどんごっこ」が始まります。子どもたちは、「ちいさいやぎ」「ちゅうくらいのやぎ」「おおきいやぎ」になります。保育士が「がらがらどん」の役です。少しだけ不安感を持ちながらも、楽しい取り組みが行われました。しばらくしてから、子どもの中で「がらがらどん」になる子が出てきました。「がらがらどんごっこ」は割と長い期間続いたようです。2歳児にとって、「がらがらどん」が怖いだけの存在ではなかったのだと、B保育士に教えてもらいました。

　同じ絵本でも、読み聞かせの方法は保育者と子どもとで創り出していくことに意味があるようです。ここに、教材研究と読み聞かせの楽しさがあると言えます。

❷作者の考え方と絵本の内容
『スイミー』
『フレデリック』
レオ＝レオニ 作／谷川俊太郎 訳　好学社

『スイミー』

『フレデリック』

　教材研究カードで、作者について研究してみることを紹介しました。『スイミー』は、小学校の教科書にも登場するよく知られた絵本です。小さな魚たちが平和に暮らしている海の世界。ところが、そこへ大きな魚がやってくる。しかし小さな魚たちは力を合わせて追い出してしまいます。みんなが集まった最後に、スイミーが目となる場面を思い出すことができるでしょう。確かに、絵本『スイミー』の主題はこのクライマックスにあるとも言え、園児たちもこの展開を期待し聞いているのです。

　興味深いのは、絵本研究者の松居直による分析です。松居の絵本論にふれていくと新たな発見があります。スイミーがたった一人で暗い海の底を

泳いでいるページがあります。一方で、色鮮やかなイソギンチャクなどさまざまな生物に出会います。たとえば、スイミーの孤独とのたたかいに焦点をあてることもできるでしょう。そして、スイミー（魚）も強いが、私たち人間においても、一人の存在の大きさに目を向けることに気づかせてくれるのです*。

　松居はレオ＝レオニの生涯をていねいに振り返りながら、第二次世界大戦下、国外追放に遭っていたということも紹介します。

　その生き方は、もう1冊紹介したい『フレデリック』の内容に反映されます。それは、小さな野ネズミたちの静かなお話です。誰もいなくなった牧場の倉庫で、暮らす野ネズミたち。その中の一匹、フレデリックだけは、他の野ネズミたちと行動や様子が違います。みな冬仕度にせわしく食料集めをしますが、フレデリックだけはじっと外を見ていたりします。でも他の野ネズミたちは、それを決してとがめません。フレデリックは、自分は色やことばを集めていると説明します。そして冬になり、食料も減ってきてしまったとき、仲間たちがフレデリックに「きみがあつめておいたものはどうなった？」と質問するのです。そしてフレデリックは、集めておいた色やことばの世界を仲間たちに披露し、あたたかい気持ちに導くのです。絵本には、作者の生涯と思想が凝縮されていると言えます。

* 参考文献：松居直『絵本のよろこび』NHK出版、2003年。松居直『絵本・ことばのよろこび』日本キリスト教団出版局、1995年

（3）素話・読み聞かせから遊びへ

【事例5-3】大きなかぶ

　3歳児10月、園庭の枯れたコスモスをB子、F子、D子、A子、J男が引っ張っている。「うんとこしょ、どっこいしょ」と誰からともなくかけ声を合わせ始める。「うんとこしょ、どっこいしょ」の声に合わせて、動きも合わせている。

【事例5－4】やぎとトロル（『三びきのやぎのがらがらどん』）
　3歳児10月、保育室内に巧技台を設定した。
E子（太鼓橋を渡りながら）「大変、トロルが出てくるわ」
　すると、その言葉を受けて、
C子「気をつけて、急いで」
J子「トロルに気をつけて！」

　「大きなかぶ」「やぎとトロル」「三匹のこぶた」「おおかみと七匹の子やぎ」「さるかに」など、絵本や紙芝居などを通して子どもたちもよく知っているお話を、あえて素話によって聞かせました。素話は、保育者の「声」の変化（大きさ、高さ、速度、間の取り方、声色）と、「身振り・手振り」の変化（表情、視線、体の向きや動かし方、座り方）によってお話を伝えていく方法なので、4、5歳児で用いられる場合が多いかもしれません。しかし、ビデオやテレビなど視覚情報を中心にお話を知る機会が多い現代の生活背景をふまえると、素話によってイメージをふくらませる機会も大切だと考えます。また、作品として完成している絵本や紙芝居を読み聞かせることと異なり、子どもたちの反応をとらえながら、即興的にかつ直接的にお話を伝えていけるという特徴もあります。保育者の話し方を魅力的にすることで、2、3歳児であっても、紙芝居や絵本と同じように興味深く聞く姿があります。**事例5－3、事例5－4**は、保育者から聞いた話（「大きなかぶ」「やぎとトロル」）の場面が子どもたちの中に残り、遊びの中で自然と出てきた一例です。学級全員で聞いているからこそ、イメージやことばのリズム、雰囲気などを友だち同士で共有していることがわかります。

【事例5－5】おしいれのぼうけん
　5歳児5月、『おしいれのぼうけん』の読み聞かせをした。その後、段ボールの中に入ったり出たりすることをしている。段ボールカッターを使えるようにすると、A男、F男、G男、J男、K男、G子が興味をもつ。
（穴のあいてきた段ボール箱の中に入った）R男「トンネルだ。おしいれのトンネルだね」
G子「おしいれのぼうけん！」
　押入れという言葉からイメージし、段ボール箱を立て、その周囲に穴を開ける幼児もいる。「おしいれ、つくるんだ」。
　中に入ると、外から手で穴をふさぎ喜ぶ（物語の一場面の再現）。数日後、さらに段ボールの数を増やす。物語のトンネルをつくることを、H男、A男が始める。穴をあけて「青い光」が見えるようにと、青色画用紙にネズミの目をかいて、穴に通す。
H男「みえた、みえた」
　どんどん長くしようと、段ボール箱をつなげていく。P子とG子も加わる。興味を持った幼児が集まって通ろうとする。
H男「ちょっとまって」とチケットをつくる。「おしいれのぼうけんってかけばいいよ」
　A男はトンネルの上から「ねずみばあさんだぞー」と言い、F男らは中を通るとき「ぼくたちわるくないもん」と言っている（物語の中の言葉）。

『おしいれのぼうけん』
古田足日・田畑精一 作
童心社

【事例5－6】『ぼくは王さま』シリーズ
　5歳児9月、『ぼくは王さま』シリーズから「まほうのレンズ」の読み聞かせをした。心の中が見えるレンズが欲しいという王様の命令で、研究所の博士が、魔法使いの残した本を解読しレンズを作る場面がある。H子、O子、E子、Q子、園庭に囲いを作り「研究所」にする。他の幼児に「見てはいけ

『ぼくは王さま』シリーズ第1作『ぼくは王さま』寺村輝夫・作／和歌山静子・画、理論社。フォア文庫版表紙

ませーん」と博士の口調で言っている。

「○△□※……」という魔法使いのことばの部分を博士になったつもりで読む。本のちょうどそのページを開き、何度も読み返し、レンズを作る工程を実際に再現しようとする。

たらいに水を張る、草を入れる、砂を入れる、シャベルで混ぜる、木板を三角に切りたらいに入れる、切ったときの木くずを集めてまぶすという工程をくり返す。それらを経た木片を、レンズに見立てている。

翌日も、遊びを続ける。E子は紙に［まほうのれんづほしいひとは、よやくしてください］と書き、「研究所」の囲いに貼る。その上に紙と鉛筆を置き、予約が書けるようにしている。その次の日には、O子、E子、H子の3人で「まほうのレンズいらない？」と予約を聞いてまわっている。気の合う友だちに聞いた後、保育者や、4歳児にも注文をとっている。

素話の他に、お話にふれる機会として、物語の読み聞かせがあります。特に5歳児では、ことばだけから話の世界を想像したり、続きを期待しながら聞いたりすることができるように、保育の中でよく取り組まれています。長い物語の場合、数日かけて一冊の読み聞かせをすることもあります。**事例5-5、事例5-6**のきっかけとなった読み聞かせは、クラス全員が共通して経験したもので、遊びとして再現するときに、お話のイメージが子どもたちの中で共有されていました。物語の世界に入り込むことで、子どもたちの心が十分に揺り動かされていたのでしょう。物語の中でも特に、冒険したり探検したりする内容は子どもたちによく好まれます。また、魔法のような不思議な感覚が体験できる内容も、空想の世界ならではの楽しさです。

ちなみに、**事例5-3、5-4**（3歳児）と、**事例5-5、5-6**（5歳児）は、同じ園の同じ子どもたちが進級していく中で見せた遊びの姿で

す。お話そのものが持つ力と、それを大切に子どもたちへ伝えていく保育者の力が、子どもたちの豊かな遊びを支えていく重要な要素です。

第3節　詩に関心をもとう

　保育実践をすすめていく中で、子どものことばに「ハッ」とさせられることがあります。同様に、遊びの工夫や発想に思わず感心することもあります。

　身近にある自然や社会を、子どもたちはどのようにとらえているのでしょうか。それを理解しようとすることが、保育の出発点でもあります。保育は、子どもの世界と出会い続ける営みであるとも言えます。

　しかし、いつでも保育者が子どもをじっくりと見つめることができているとは言えません。保育者や大人の側から、子どもを理解する努力が必要です。子どもの世界へのアプローチの一つとして、親しみやすい詩を数編、紹介してみます。ゆっくり、読んでみてください。

　①、②、③の作者は工藤直子です。自身がとても自由に「たんぽぽ」や「らいおん」や「いし」になったりします。工藤直子は『てつがくのライオン』で日本児童文学者協会新人賞を受賞してからも、たくさんの創作をしてきました。

『てつがくのライオン』工藤直子・詩／佐野洋子・画、理論社。フォア文庫版表紙

　もう一人、素敵な詩人を紹介しましょう。2014年、104歳にて逝去したまど・みちおです。まど・みちおは、1909（明治42）年11月16日に生まれました。「ぞうさん」「いちねんせいになったら」など、戦後の代表的な数多くの童謡の作者として知られています。そして1994年には、日本人として初めて国際アンデルセン賞・作家賞を受賞しました。まど・みちおは童謡の作詞だけではなく、私たちが見過ごしてしまいがちな生命の不思議さについてもことばで表現してきました。印象的なのは、次のような話です。

　「100年生きてきたことは、長いようで短い。（蟻を見つめて）蟻はあの大きさで命をもっている。自分はこんなに大きくて申し訳ない。そのなかで大事だなと感じることが、ふたつある。一つは息をしていることだ。もう一つはことばだ」*。

　みなさんは、紹介した数編の詩、二人の詩人に、これまで出会ったこと

*2010年1月3日のNHK放送番組にて

①
　　　おと
　　　　　　　いけしずこ

ぽちゃん　ぽちょん
ちゅぴ　じゃぶ
ざぶん　ばしゃ
ぴち　ちょん
ざざ　だぶ
ぱしゅ　ぽしょ
たぷん　ぷく
ぽつ　どぼん・・・
わたしは
いろんな　おとがする

工藤直子『のはらうたⅠ』童話屋より

②
　　　ねがいごと
　　　　　　　たんぽぽはるか

あいたくて
あいたくて
あいたくて
あいたくて
　・・・
きょうも
わたげを
とばします

工藤直子『のはらうたⅢ』童話屋より

③
地球は

地球は
みどりを着るのが好き
とりわけ雨あがりは
洗いたてのシャツ
いきものを　ブローチのように
くっつけて
地球　いばっている

みどりは
お前の　晴れ着だね

工藤直子『てつがくのライオン』理論社より

がありますか？　以下に参考文献として挙げた本も利用して、さまざまな詩を読んでみてください。子どもと共感する保育の姿勢について、学ぶところがあると思います。別の表現では、子ども理解とも言えます。保育は、子ども一人ひとりがどのような考え方の持ち主であるのかを理解しながら実践していきます。

　では、保育実践においては、詩をどう取り上げたらよいのでしょうか？

　今井和子は『私の中の子どもと詩』（ひとなる書房、1995年）のなかで、子どもといっしょに読んでみたい詩を紹介しています。毎日の子どものことばの中に、発想の豊かさを感じとることも少なくないのですが、ことばによる子どもの感性を育てる保育実践についても学び深めていきたいものです。詩にふれることは、子どもや人それぞれの持ち味について考えるきっかけになります。保育者が心のアンテナを豊かに持つことにつながるのではないでしょうか。

†参考文献

小田豊・芦田宏・門田理世編著『保育内容　言葉』北大路書房、2003年
岡田明編『改訂　子どもと言葉』萌文書林、2000年

【お話の例】
「おおきなかぶ」（ロシアの民話）、「三匹の子ぶた」（イギリスの民話）、「おおかみと七匹のこやぎ」（グリム童話）、「かさじぞう」（昔話）、「ブレーメンの音楽隊」（グリム童話）

【お話が掲載されている文献】
東京子ども図書館編『おはなしのろうそく』1〜27（以下続刊）東京子ども図書館、1973年〜
西本鶏介『幼児のためのよみきかせおはなし集』1〜10、ポプラ社、2000年〜
齋藤チヨ『親と子の心をつなぐ　世界名作おはなし玉手箱　語り聞かせお話集』鈴木出版、2000年

【お話の実践に関する参考文献】
久富陽子編著『保育実技―児童文化財の魅力とその活用・展開』萌文書林、2003年
相馬和子他『新訂　お話とその魅力―作品と話し方のポイント』萌文書林、2002年
松岡享子『たのしいお話　お話を子どもに』日本エディタースクール出版部、1994年
東京子ども図書館編『たのしいお話　お話―おとなから子どもへ子どもからおとなへ』日本エディタースクール出版部、1994年

【詩に関する参考文献】
工藤直子著／佐野洋子絵『てつがくのライオン』理論社、1982年
工藤直子『のはらうたⅠ〜Ⅴ』童話屋、1984年〜2008年
『まど・みちお詩集』（ハルキ文庫）角川春樹事務所、1998年

Chapter ❺ 「ことば」を育てるあそび──児童文化財にふれる

資料12　わらべうたの例

● **ちょちちょちあわわ**

遊び方

「ちょち、ちょち」で顔の前で拍手二つ、「あわわ」で片手口にあてて、軽く三回口をたたく。そのとき、口は開けたまま。

＜留意点＞　大きく二つの部分に別れるところを意識させる。てを打つ動作、なかなか調子よくいかないが、拍手しようとする動きを大切にして「あわわ」の部分をきちんと合わせるようにする。

● **はなはな**

遊び方

「はなはな…」のところで自分の鼻の頭を人さし指でつつく。
耳（他いろいろ）といいながら名称のところを触る。
保育者が、子ども一人一人の体の部位に触れてやる。

【資料抜粋】
(p.129) 佐藤志美子『心育てのわらべうた　乳児から小学生まで　年齢別指導・教材集』ひとなる書房
(pp.130-131) NPO法人東京都公立保育園研究会・編著／柏木牧子・イラスト『子どもに人気のふれあいあそび』ひとなる書房

●いないいない ばあー

- 「いないいない」で両手で顔をかくし、「ばあー」で両手をパッと開いて顔を出す。
- 手の代わりに布を使ったり、カーテンや物陰にかくれたりして遊ぶ。
- 「ばあー」で布のいろいろな方向から顔を出すと、さらに楽しめる。

●あがり目さがり目

●一本橋こちょこちょ

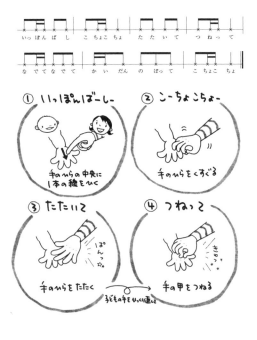

　手のひらだけでなく、足の裏を使ったり、2本指を動かして登ったり降りたり、体全体をくすぐったりすると、とても喜びます。
　大人の真似をして子ども同士、または人形を相手にしながら、楽しめます。

Chapter 5 「ことば」を育てるあそび——児童文化財にふれる

●げんこつ山のたぬきさん

・ジャンケンができなくても、グーやパーと大人の真似をして遊んでいます。
・向かい合って1対1で遊びますが、幼児クラスになって、多数の子ども相手におこなっても、親しみをもってなつかしそうに手や動作をして楽しんでいます。

●なべなべそこぬけ

> コラム　　　　　　　　　　　　　　　　　　　　　　　　　　Column

『クシュラの奇跡』に見る重度障害児にとっての絵本

　クシュラは重度の障害児でした。難聴、視野の狭さ、知的障害、指が6本、不随意な両手など、複雑な障害を抱えて毎日を過ごします。そんな中、両親は生後4ヶ月頃に絵本を見せます。なかなか眠らないわが子に絵本を与えはじめたのです。重度の障害をもつわが子と格闘する日々を想像することは容易ではありませんが、クシュラの祖母ドロシー・バトラーの読み聞かせの実践とその貴重な研究記録は輝きを放っています。

　『クシュラの奇跡』（下記参照）の著者ドロシー・バトラーは、娘が記録した140冊の絵本とクシュラの出会いを、学位論文にまとめます。登場する絵本には、『三びきのやぎのがらがらどん』『どろんこハリー』など、日本でもよく知られたお話が登場します。3歳3ヶ月のある日、『三びきのやぎのがらがらどん』を午前中に一度読んであげただけなのに、その日の午後には、内容を覚えていたそうです。読み聞かせの毎日を積み重ねながら、クシュラはやがて6歳を迎えます。以下は、6歳3ヶ月の記録です。

　「クシュラの活字にひかれる気持ちは、弱まることがありません。近頃ではすらすら読めますが、サンチアに読んであげるのはべつとして黙読のほうを好みます。声を出して本を読むのは、それなりの理由があるときにかぎられます。目下夢中になっているのは、標識や広告、ややこしく書かれた指示をたどる宝探し、それに親切な知人から手紙をもらうことです。依然として本の文句を引用しますが、近頃は黙読が多いので、こちらには何の本からの引用か、なかなかわかりません」(p.120)

　クシュラがことばの世界にどのように出会い、どのようにことばを獲得していくのか、研究成果から具体的に知ることができます。母親は、わが子への読み聞かせを習慣化しました。クシュラを抱き、絵本のページを開いていくという一見単純な行為の積み重ねですが、教育的意義は大きいと考えられます。重度の障害児であっても、ことばや絵を通して親子間のコミュニケーションは確かにすすみます。親子間での読み聞かせの意義を再確認すべきだと言えるでしょう。

『クシュラの奇跡—140冊の絵本との日々』
ドロシー・バトラー著、百々佑利子訳
のら書店、1984年

第6章　指導計画と「ことば」

第1節　指導計画とは

　保育にあたっては、入園から卒園までの全体を見通した計画が必要です。幼稚園では「教育課程」、保育園では「全体的な計画」と呼ばれ、各園において編成されています。

　しかし、保育を実際にすすめる保育者にとっては、保育期間全体の見通しだけあっても、目の前にいる子どもたち一人ひとりに応じたかかわりが十分できるものではありません。そこで、さらに、具体的な計画を立てる必要が出てきます。これが「指導計画」と呼ばれるものです。

　指導計画は、計画する期間の長さによって大きく2つに分類することができます。「長期の指導計画」と「短期の指導計画」です。前者には、年間指導計画・期の指導計画（期案）・月の指導計画（月案）などがあり、後者には、一週を単位とした指導計画（週案）、一日を単位とした指導計画（日案）などがあります。なお、どんなに緻密に考えた計画であっても、指導計画はあくまでもあらかじめ考えた仮説です。園生活の中では、保育者の予想と実際の子どもの姿が異なることがよくあります。保育の実践をすすめる中から、指導計画を柔軟に修正していくことも、必要な作業です。

　本章では、具体的な指導計画について、いくつかの計画例を示します。指導計画は、①幼児の実態をとらえる、②実態に即してねらいと内容を設定する、③ねらいを達成するための環境を構成する、④環境への子どものかかわりを予想し保育者の援助も予想する、といった流れでつくります。

この際、充実した生活の中で「ねらい」を総合的に達成するという、保育の基本を忘れてはなりません。本書は主にことばの側面から保育をとらえていますので、次節以降の指導計画もことばを意識して例示しています。ただ、ことばに関する指導をしなければと、ある特定の活動を設定することをくり返すならば、それは総合的な指導という保育の基本から逸脱してしまいます。ことばは園生活の中で、どの場面においても見られるものですが、反面、計画を立てるとなると、どの部分に注目すればよいかわからず、ことばを抜き出した形での活動を行う計画しかつくれない危険性もあります。ことばの側面をいかに指導計画に位置づけていくか、計画例をもとに考えてみましょう（資料中の太字部分は、本文にかかわる部分を示しています）。

第2節　乳児保育の指導計画例

（1）個別のかかわりの中でことばを意識した月案例

＊資料提供：社会福祉法人照護会　宮原慈光保育園

【月案にもとづく保育の記録】（**資料13**）＊
　歩き回りながら興味のあるものを探しているＡ（1歳0ヶ月）。車のおもちゃで遊んでいたかと思ったら、押入れの戸を開けたり閉めたりと、次々と遊びが変わっていく。電車のおもちゃを床の上で走らせているところに、保育者がそれに合わせ「がたん　ごとん　がたん　ごとん」と言うと、Ａは体を前後に揺らす。リズムとくり返しの言葉が楽しいようである。電車遊びを終えた後に、電車の絵本を読んで、くり返しの言葉を楽しむことにした。膝の上に座らせ絵本の『がたん ごとん がたん ごとん』を開く。
Ａ、汽車の絵を指さして「あっあっ」
保育者「汽車だね、がたん　ごとん」
　最初は本をめくることを楽しむ姿がある。ページをめくることを楽しませた後、ゆっくりと読み始めることにした。「がたん　ごとん　のせてくださーい」と最初に哺乳びんが乗る場面。
保育者「哺乳びんね。おっぱいだね」
　次は「がたん　ごとん　のせてくださーい」とコップとスプーンが乗って

『がたん ごとん がたん ごとん』安西水丸作、福音館書店

くる場面。Aは絵を見ながら「がたんごとん」のことばに合わせ前後に体を揺らしにこにこしている。
「しゅうてんでーす、みんなおりてください」と汽車からリンゴやバナナが続いて降りて、テーブルにのっている場面。「がたん　ごとん　さようなら」の言葉で絵本が終わる。
保育者「さようなら ばいばい」　Aは手を振っている。
　読み終わってもAは絵本を握って座っている。立って行くこともなく、絵本をめくっていたので保育者が「もう一回読もうか」と聞くと座っている。「がたん　ごとん」のくり返しの言葉が気にいり、体を揺らしながら「ごー」と言っている。

　3歳以上児の指導計画と異なり、低年齢児の保育では、個々の育ちに応じたねらいが立てられます。記録に挙げたAのねらいは、「保育者と一緒に遊んだり、自分の遊びを見つけて楽しむ」「絵本を読んでもらい興味を持つ」となっています。また、個別の配慮の欄には「話すときには顔を見てゆっくりと話しかける」「絵本を落ち着いた雰囲気で一緒に見る」という記述があります。この指導計画からは、ことばでのかかわりも含めてていねいに関係をつくりたいという保育者の意図がわかります。さらに、保育者とのかかわりの一つとして、絵本が大きな働きを果たすのではないかという考えが計画に反映されていることもわかります。

（2）個別の配慮と共通の配慮の両面からことばを意識した月案例

【月案にもとづく保育の記録】（資料14）*

*資料提供：社会福祉法人照護会　宮原慈光保育園

　E（3歳0ヶ月）は3歳児学級の幼児が泥遊びをしているのを見て、いっしょに遊び始める。保育室に入っていく途中だったが、E「まだ、あそんどく」。
　しばらくすると、Eはきれいな丸の形をした泥を手にしている。
保育者「Eちゃん、これどうしたの？　誰がつくったの？」
E「Eちゃんが、つくったよ」。「これ、だれもとらないように、とっとく」と、床下の柱の後ろに置いてから、保育室へ戻る。
　食事中、保育者「Eちゃん、泥だんごどうやってつくったの？　すごいね。先生もつくりたいな。明日教えてくれる？」

資料13　月案（0歳児、6月）				
名前	A児（1歳0ヶ月）		B児（0歳11ヶ月）	
前月の子どもの姿	・自分で立って歩けるようになり、靴を履いて外へ行くと、嬉しそうに歩き回っていた。保育者にも甘えて、他の子を抱っこしていると足下にしがみついて、"自分も"と要求していた。 ・絵本に興味が出てきて『いないいないばあ』を何回も見た後、自分で本をめくっていた。		・歩行が安定してきて、靴を履いて園庭へ行くと、自分の行きたい所へ進んでいく姿が見られた。 ・保育者にも慣れ、登園時も泣かなくなったが、眠たいときには大きな声で泣いていた。寝つきがまだスムーズでなく、時間がかかることがある。	
ねらい	○保育者と一緒に遊んだり、自分の遊びを見つけて楽しむ。 ○絵本を読んでもらい興味を持つ。		○保育者とふれあう遊びを楽しんだり、自分の遊びを見つけて楽しくすごしたりする。	
☆環境構成	☆危なくない素材の紙を巻いて棒を作る ☆棒をくわえて歩こうとするので遊ぶときには必ず座って遊ぶようにする	☆紙パックやマジックテープなどの素材で遊べるようにする ☆好きな電車の載っている絵本を落ち着いた雰囲気の中で見る	☆帽子をかぶせるが嫌がる時には、様子を見ながら木陰に誘う	
○子どもの中から生まれる活動	○棒差し ・広告に巻いて作った棒を逆手に持って穴の中に入れる ・透明の容器の中に入った棒を見たり、容器を持って振ったりする ・棒をくわえる ・透明の容器のふたをはずそうとする	○積み木：電車遊び ・パックを利用した積み木を重ねると、倒す ・マジックテープでついた手作りおもちゃ（電車）を離す、床の上で動かす ○電車の絵本を喜んで見る	○戸外での遊び ・靴箱にさわる ・靴を履いて外へ行き、喜んで歩く ・手押し車を押して歩く ・ボールを転がして追いかける ・保育者と追いかけっこをする	
◎保育者の配慮	◎遊び方を伝えるために子どもの前でしてみせる ◎棒を入れたときに拍手をして一緒に喜ぶ	◎子どもの興味を考えながら、重ねる・倒す・離すなどの遊びを一緒に楽しむ ◎電車の音を口で言いながら動かして見せたりと、音に対しても興味を持たせる ◎興味のある本を一緒に探して喜んで見せる	◎子どもの側で見守りながら、見えるものを伝えたり、話しかけたりする ◎石など危ないものがないかを見ながら、園庭の探索を楽しませる	
個別の配慮	・棒差し遊びに興味を持ち始めたので、一緒に遊び、指を使った遊びをたくさん経験させる。 ・周りの雰囲気に敏感で、騒がしいときには不安定になるので、保育者と落ち着いて遊ぶ時間を過ごしながら、1・2歳児のリズム遊びにも短い時間を利用として参加してみる。 ・保育者の言葉をわかっているので、**話すときには顔を見てゆっくりと話しかける**。 ・**絵本を落ち着いた雰囲気で一緒に見る。**		・喃語や指さしをして興味のある物を教えるときには、単語として物の名前をゆっくりと言ったり、擬音語で言ったりと、言葉を引き出していく。 ・午睡の時、外からの音で起きて泣き出すことがあるので、添い寝をしたり抱っこをしたりして、落ち着かせる。 ・手づかみで食べるが、自分で食べようとする気持ちを大切にしながら、スプーンを持つことにも慣れさせる。	

資料提供：社会福祉法人照護会　宮原慈光保育園

そばにいたH（3歳1ヶ月）も話を聞いていて、いっしょに遊ぶことになった。翌日、保育者「どこでつくろうか？」Eが日の当たるところに連れて行く。
保育者「ここ、ちょっと暑いね。どこか涼しいとこないかな」
E「あ、あそこがいい」と大きな木の下を指さす。
保育者「そうね。あそこだったら涼しそうね」
保育者「最初にどうやるの？」
E「どろ、おててで、ぎゅっぎゅって」
保育者「こう？　あれ？　できないね」
E「おみず、いれなくちゃ」
　バケツに水を汲んで混ぜていると、N（2歳9ヶ月）も来ていっしょにすることになる。
　Nは、泥を皿に置き叩いて感触を楽しんでいる。
保育者「Nちゃんのはハンバーグみたいだね」
　Nはにこっと笑顔になる。Hは泥にさわることに抵抗があるようで、保育者が少しだけ手にのせてあげようとすると「H、いやだ、先生がつくって」と、保育者のそばで見ている。
保育者「先生のは固くならないよ」
E「どろ、つけたらいい」

　0歳児の月案と同様、個別のねらいを立てていますが、具体的な活動や環境構成、保育者の配慮については、数人に共通したものが出てくるようになります。ことばの側面からこの指導計画を見てみると、個別の配慮の欄に、それぞれの育ちに応じた指導をしていくことが書き込まれています。たとえば、Eについては「いろいろなことをよく話すので、できるだけゆっくりと聞くように努める」とあり、Nについては、「環境の変化で緊張した表情が見られるので、優しく言葉をかけたり、要求に応えることに努める」「思っていることを言葉で伝えることができるように、いろいろな場面で認めていく」とあります。このような指導の方向性を明確にしておくことで、記録に示したようなかかわりが可能になってきます。

資料14　月案（2歳児、5月）

名前	E児（3歳0ヶ月）	N児（2歳9ヶ月）	H（3歳1ヶ月）
前月の子どもの姿	・トロルごっこが好きで、N児と一緒に遊ぶ。 ・オムツはずしを始めるが、トイレで出た経験がなく、おしっこの間隔も遠い。	・姉の姿を見てうんていやブランコをしようとする。 ・環境の変化からかおもらしがあり、午睡時はオムツで寝る。	・E児と気が合い、追いかけっこや砂遊びなどをしてよく遊ぶ。 ・登園時は母親の後を追い、大泣きすることがある。
ねらい	○体を十分動かして戸外での遊びを楽しむ。 ○オムツをはずし、トイレで用便ができるようになる。	○安心して園生活を送る。 ○したいことやしてほしいことを言葉で保育者に伝える。	○体を十分動かして戸外での遊びを楽しむ。 ○安心して登園する。
☆環境構成	☆紙・画用紙を花びらの形に切ったもの・のり・お手ふきの用意 ☆はさみ	☆安全点検 ☆天気のよい日は戸外に出るようにする	
○子どもの中から生まれる活動	○のり遊び ・のりをつける ・手いっぱいにつけて感触を楽しむ ・花びらの形に貼る ○はさみ遊び	○固定遊具で遊ぶ ・滑り台 ・ジャングルジム ・ブランコ ○おいかけっこ ・好きなキャラクターになり追いかけたり逃げたり戦ったりする	○泥団子づくり ・水が必要なことを知り、水をくみに行く ・泥を手に取り、手で丸めてみたり作ってみようとしたりする
◎保育者の配慮	◎のりの使い方を丁寧に教える ◎できたものを飾り、作ったことを喜べるようにする ◎はさみの使い方、渡し方を丁寧に教える	◎ブランコはしっかり握ることや、ジャングルジムに登るときの手の握り方を教えていく ◎気温が上がるので帽子をかぶせたり、水分をこまめにとったりする	◎泥団子を作って見せながら、水が必要なことや、どうしたら団子ができるか気づかせたり、一緒に作ったりする ◎袖をまくり、袖が汚れないように伝えていく
個別の配慮	・いろいろなことをよく話すので、できるだけゆっくりと聞くように努める。 ・好きな遊びを見つけて一緒に遊び、信頼関係を作りたい。	・環境の変化で緊張した表情が見られるので、優しく言葉をかけたり、要求に応えることに努める。 ・思っていることを言葉で伝えることができるように、いろいろな場面で認めていく。	・朝、母親とスムースに離れることができるように、優しく受け入れる。好きな遊びを準備しておいて興味を持って遊び始めることができるようにする。

資料提供：社会福祉法人照護会　宮原慈光保育園

第3節　3〜5歳児保育における週を単位とした指導計画例

（1）ねらいの中にことばの視点を取り入れた週案例

【週案にもとづく保育の記録】（資料15）
　台車を使った電車の遊びが毎日継続している。台車には埼京線、京浜東北線など色を塗った段ボール箱をつけ、より電車らしくしている。各駅停車、快速などの設定もあり「とっきゅうだから、はやくおねがいします」「これ、各駅だからゆっくりだよ」など、動かす速度を変えている。園庭に傾斜がありうまく台車を押せないときには「タイヤのまえのところを先にもちあげておくんだよ」「もっといきおいよく強く」など教えている。
　トンネルを作ろうと、巧技台（太鼓橋）を組み合わせて置き、電車が通れるようにする。M男「はい、ここはモンキー山です。でんしゃは気をつけてください」と巧技台の上で猿の真似をする。A男も「うきっー」とぶら下がっておどけてみせる。
　L男は、巧技台の上から短縄を吊し「給油します」とガソリンスタンドのようにして、電車を押している幼児に「はい、とまって」「まんタンですか」とやりとりする。
　園庭にある木製の小屋が〔浦和駅〕となっている。これまで自由に乗り降りしていたが、乗るときには切符を持とうと決まる。
　D男は「きっぷのねだんかいておかなくちゃいけないね」と小屋の横の壁にチョークで書き始める。〔うえの200えん〕〔おおみや150えん〕
　切符を作ることにしたC子はその字を紙に書き留めて、切符の紙に書き写す。お客役の幼児が「とうきょうまで」「せんだいに行きたいんですけど」と言うと、「1000円になります」などと値段を決める。新しい地名が出てくるたびに、壁に行き先の名前と値段の数字が書き足されている。
　L男、C男は電車を乗り降りする場所の一角を売店として見立てている。紙に〔おべんとう1000〕〔うめおべんとう500〕など品物と値段を書き、貼る。L男「えきべんありますよ」と待っている幼児に呼びかけている。

資料15　週案（5歳児、11月）

幼児の姿	・OHPを用いた映画ごっこ、乗ったり動かしたりできる手押し台車を用いた電車ごっこなど、友達とイメージを共にし、生活経験を活かし遊ぶ姿がある。遊びをすすめる中で、**一人の発想に仲の良い友達が共感し、一緒に実現させようとしており、必要なものや場を作ったり、役割を担ったりなどしている**。 ・毎朝、十数名が集まりドッジボールに取り組んでいる。ボールの狙い方や、外野の立つ位置など、同じチームになった幼児の中で、**言葉を交わしながら遊びをすすめることも見られるようになっている**。	ねらい	○遊びが楽しくなるよう、**仲の良い友達に提案したり、意見を交換したりする**。 ○イメージを広げながら遊びをすすめたり、**物語を聞いたりする**。

幼児の生活	〈友達と一緒に遊びをすすめる〉 ○電車ごっこをする 　・運転役とお客役の間で行き先や速度などをやりとりする 　・電車を動かす**コツを教えたり、一緒に動かし**たりする ○ドッジボールをする 　・同じチームの友達同士で**投げ方や逃げ方のやりとりする** 　・勝敗を意識しながら試合をする 〈イメージをもって遊ぶ〉 ○映画ごっこや電車ごっこの中で、遊びに必要な役を担う ○いろいろなリズム楽器をごっこ遊びの効果音として使う ○詩や物語を聞く	〈友達と一緒に作る〉 ○戸外で料理作りごっこをする 　・泥や植物（ジュズ玉、落ち葉）を選び、使う 　・調理道具を**貸し借りする、作り方を教える** ○木工で作る（電車ごっこに使う線路、恐竜） 　・おさえてもらいながら木材を切る、釘を打つ ○映画ごっこをする 　・OHPシートに絵を描いて**お話を作る、演じる** 〈生活習慣に関する活動をする〉 ○使った用具や遊具の片づけを学級全員でする ○戸外から戻った後の手洗い、うがいを丁寧にする

環境構成・援助	○教師もチームの一員としてドッジボールに参加し、勝敗にこだわって試合がすすむように働きかける。どうしたらボールが当たるか、ボールから逃げられるかについて**幼児の発言を捉え、参加している幼児がそれを共有できるように仲介する**。 ○電車ごっこでは、切符や帽子などイメージがさらに広がるようなものを、幼児と一緒に作り使っていく。また、遊びへの興味が広がることに応じて、電車（手押し台車）の数を増やしたり、線路を作り足したりする。 ○数人の仲の良い友達と一緒に、継続してじっくり作ることもできるよう、場を整える。使い慣れている道具、材料であっても、新たな発想によって違った使い方や遊び方になるので、**個々の幼児の発想、考えを丁寧に見取り、採りあげていく**。 ○OHPを使ったお話作りは、「映画」として学級全員で見る機会を作り、表現の面白さが伝わるようにする。また今週も引き続き、**詩や物語の読み聞かせを行い、幼児のイメージが広がるようにしたい**。

行事		歌	大きな古時計 月火水木金土日のうた	評価の観点	○遊びが楽しくなるように**提案をしたり、意見を交換したりできる保育を展開したか**。 ○イメージを広げながら遊びをすすめたり、**物語を聞いたりできる状況を作る**ことができたか。
		お話	物語「エルマーのぼうけん」 絵本「百万回生きたねこ」		

この週案では「遊びが楽しくなるよう、仲の良い友達に提案したり、意見を交換したりする」というねらいを立てました。保育の記録には、電車ごっこに注目して、どのような提案や意見の交換があったかを挙げています。文字で書くことも行われています。これは、一つの遊びの記録ですが、週案上には「ドッジボール」「料理作りごっこ」「木工で作る」「映画ごっこ」などいくつかの遊びも示されており、いずれの遊びの中でも「遊びが楽しくなるよう、仲の良い友達に提案したり、意見を交換したりする」という上記のねらいが達成できることを予想しています。どの子どもでも、同じ遊びをすれば必ずしも同じ経験ができるわけではありません。別の異なった遊びの中に、共通して期待できる経験を見出していくことも、指導計画作成には必要です。

(2) ねらい以外の部分にことばの視点を取り込んだ週案例

【週案にもとづく保育の記録】(資料16)
①着替えの終わったＡ子、Ｂ子、Ｇ子、Ｉ子が引き出しから紅白帽子を出してかぶり、自分で飾りを貼った紙袋製のかばんを肩から掛ける。
Ｇ子「かばんもった？」
Ａ子「でんわもっていこう」
Ｇ子「これでんわね」と木製のブロックをかばんに入れる。
Ｇ子「でんわもった？」とＢ子やＩ子に同じ形のものを入れているか確認する。Ｆ子はまだ着替えをしている。
Ａ子「はやくね」
　着替えの終わったＦ子も急いで引き出しから同じものを取り出し用意する。5人揃うと靴を替えて外へ出る。「これももっていこう」とフープを肩から掛ける。Ａ子「Ａ子、あか」など、色も合わせて持とうとする。

②Ｈ子、Ｉ子がＢ５の紙を四つ折りにし、何枚も自分の作ったかばんに入れている。「もっと折ろう。もっと、もっと」。それを背負って、外へ出る。それぞれ、三輪車に乗る。
Ｈ子「はい、せんせい、おてがみ」
Ｉ子「おてがみくばりに行くの」
Ｈ子「ねー。おてがみ、おてがみ」

資料16　週案（3歳児、10月）

先週までの幼児の姿	・数人の幼児が、登園直後から誘い合って遊び出すことが増えている。砂場周辺を拠点に料理ごっこをする幼児、スチロール積み木で人数分の運転席がある乗り物を作り使う幼児、ジャングルジム周辺で体を動かす幼児など、それぞれ興味やイメージの合う友達と一緒にすごすことが楽しい様子である。遊びの中では、**自分で役を決め、その役らしい言葉遣いでやりとりする姿も見られる**。 ・今月に入り、はさみやのりを使いながら、紙をいろいろな形にすることを楽しむ場面も多くなっている。新たな種類の紙を使えるようにしたり、遊びに使えるブレスレットの作り方を紹介したりしながら、興味がさらに高まるようにしている。 ・先週後半に遠足を行い、園外の生活の楽しさを学級全員が共通して経験したところである。
ねらい	・**先生や仲のよい友達と一緒に、役になりきって遊ぶことを楽しむ。** ・はさみやのりを使うことを繰り返し楽しみながら、遊びに使うものや飾りなどを作る。
内容	〈ごっこ遊びをする〉 （ままごと・遠足ごっこ・料理ごっこなど） ○場を選んだり作ったりする 　・砂場周辺についたて、アーチ、すのこを持ち運び、家に見立てる 　・スチロール積み木で乗り物を作り、使う 　・園舎裏へドングリを拾いに行く ○**友達と同じ物を身につけたり使ったりする** 　・布を使う（体に巻く、洗濯物などに見立てる） 　・作ったかばんに遊具を入れ、遠足ごっこをする 　・お面をかぶる、エプロンをつける ○**役になりきって動いたり、会話したりする** 〈イメージをもちながら体を動かす〉 ○「ヤギとトロル」の役になりながら巧技台を渡る ○「あぶくたった」の童歌遊びをする ○三輪車を乗り物に見立て、園庭を移動する	〈かいたり作ったりする〉 ○紙を切る・貼る 　・葉の形の紙をのりでつなぎ合わせ、室内に飾る 　・型抜きの色紙を選び、紙袋のかばんに貼る 　・紙を切ったり貼ったり折ったりして、見立てる 　・クレヨンでかいたり、切り抜いたりする ○砂や自然物を見立てる 　・砂を丸めたり固めたりして、料理に見立てる 　・ドングリやマツボックリを砂に埋める、飾る 　・コブシの葉を、皿に見立てる 　・ツゲの葉を、食べ物に見立てる 　・木片で砂を掘る、木片を食器に見立てて使う 〈歌ったりお話を聞いたりする〉 ○歌を歌う「かわいいかくれんぼ」「まつぼっくり」「ロケットばびゅーん」 ○紙芝居を見たり、素話を聞いたりする ○絵本を選んで見る
環境構成の視点	・同じイメージをもつ幼児同士が集まり、ごっこ遊びをすすめていけるように、拠点となる場をそれぞれに確保していく。特に園庭では、例えば、ついたてなど簡単に組み替えられるものを用いて、囲われたスペースを作り、じっくりと遊べるようにする。また、巧技台も先週に引き続き園庭に設置し、一つの遊びの場として活用されるよう、遊び方に合わせて組み替える。 ・紙を切ったり貼ったりすることを繰り返し楽しめるよう、思い思いに紙を変化させて見立てる他に室内の飾りやかばんを作ることに誘う。飾ったり使ったりする楽しさを経験することで、さらに作ることへの興味につながるようにする。 ・一つの場を一緒に使うだけでなく、友達と同じ物をもつことも遊びを一緒にすすめる上で重要な要素である。身につけるものなどは数、種類に配慮して、自由に選んで使えるようにする。 ・砂場では、木片や自然物を砂と一緒に使うことで、多様な見立てができるようにかかわる。それぞれの幼児の見立てに保育者が応じることで、新たな見立てや幼児同士のやりとりを引き出せるようにしたい。
生活習慣の視点	・先週に引き続き、着替えについて丁寧に指導していく。気温が下がって、通園の際の衣服が厚着になっているので、きちんとたたむなどしてロッカーに整理できるようにする。また、咳を主とする風邪が断続的に流行しているので、手洗いやうがいを励行する。
評価の観点	・**先生や仲のよい友達と一緒に、思い思いの役になりきって遊ぶことを楽しむ姿があったか。** ・遊びに使う物や飾りなどを作る中で、はさみやのりを使うことを繰り返し楽しめる環境があったか。

③（p.122の事例5－3と同事例）園庭の枯れたコスモスをB子、F子、D子、A子、J男が引っ張っている。「うんとこしょ、どっこいしょ」と誰からともなくかけ声を合わせ始める。「うんとこしょ、どっこいしょ」の声に合わせて、動きも合わせている。

　この週案では、友だちと同じイメージをもち、ごっこ遊びなどをすることが楽しい時期ととらえ、「先生や仲のよい友達と一緒に、役になりきって遊ぶことを楽しむ」というねらいを立てています。ねらいの中に直接ことばに関する文言はありませんが、幼児の生活の中では、役になってごっこ遊びをする一つの要素として、「友達と同じ物を身につけたり使ったりする」ことを予想しました。実際の保育では、記録①②のように、友達と同じ物を持つために、目で見て揃えるだけでなく、ことばでも確認していることがわかります。

　一方、役になりきって遊ぶためには、イメージの豊かさも不可欠です。記録③は、前日保育者から聞いた「大きなかぶ」の素話が印象に残っていて、遊びの中に自然と出てきた姿です。週案の具体的な幼児の生活は分類して記述することになりますが、実際の保育では、「素話を聞く」ことと「ごっこ遊びをする」ことは、相互に関連しながらあらわれるものであり、つながりがあることがわかります。

第4節　3～5歳児保育における日を単位とした指導計画例

（1）ねらいの中にことばの視点を取り入れた日案例

【日案にもとづく保育の記録】（資料17）
A子「目、かけばいいんだよ。おおきい目」
B子「じゃあ、かいてこよう」と保育室に戻り、紙に描こうとする。
A子「だめだよ、紙じゃ、すぐやぶれちゃうよ」
B子「カラスがつついてやぶれちゃうし」
C子「雨がふったらやぶれるし」
D子「かかしつくらないとだめなんだよ、かかし」

Chapter ❻ 指導計画と「ことば」

資料17　日案（5歳児、6月）

幼児の実態	・それぞれ気の合う4〜5名がグループになり、継続して一つの遊びをする姿がある。サッカーではチームわけやルールについて、また、砂場の水路づくりでは水量や砂の掘り方についてやりとりしている。 ・5月中旬に植えたナス・ピーマンが、もう少しで収穫できるまでに育っていたが、昨日、カラスに食べられてしまっていた。多くの幼児が気づき、残念がる様子があった。どうにかして育てている野菜を守りたいと相談する幼児もおり、引き続き今日も具体的な方法を考える場面があると思われる。
ねらい	○遊びや活動の中で起きた問題を友達と共有し考えを出し合って解決しようとする。 ○安全な遊具・用具の使い方を意識して、遊んだり片づけたりする。
内容	○気の合う友達と相談しながら遊ぶ。（カラスを避ける方法を考える・サッカーをする・砂場で水路を作るなど）

時間	幼児の生活	配慮事項（環境の構成・保育者の援助）
	○登園する ・登園時の活動をする ・栽培している野菜やアサガオに水をやる ○好きな遊びをする	野菜の水やり当番と一緒に畑へ出かけ、野菜の花や実など具体的な**生長についての幼児の気づきに、耳を傾ける。** 〈自然観察園・テラス〉 ○カラスを避ける方法を考える ・かかしの作り方を考える　・材料を集めてつくる R児やC児など昨日、既にやりとりした中では「かかし」をつくることが予想される。**実現したい形や大きさを一緒に考え**具体的な材料を見つけていく。 かかしの他にも、カラスを避けるためにどのようなことをしたらよいか、いろいろなアイデアが出るように、**相談の中に加わりながら幼児同士が共に考える場を支えていく。** 〈砂場〉○裸足になり、水路をつくる 　　　　・水の量を考えて流す 　　　　・幅や傾斜を考えて砂を掘る 〈鉄棒周辺〉○料理ごっこをする 　　　　　　・水の量を調節しながら泥と混ぜる 〈保育室〉○空き箱などを組み合わせてつくる 〈遊戯室〉○サッカーをする ・新聞紙でボールをつくる ・チームを分ける ・ルールをきめて遊ぶ それぞれ仲の良い友達と居心地の良い場所を見つけて遊ぶことが続いている。足りない物の要求など、必要な場面では**幼児から尋ねてくるので、その都度応じていく。** 園庭で行っていた男児4〜5名が、昨日から場所を移して行っている。勝ちたい気持ちから、チーム分けやルールについての**言い争いが見られるので、語調が強い場面では、互いの気持ちに落ち着いて気づけるようにきっかけをもつ。**
11:20	○後片づけをする	つくるためのいろいろな道具があるが、いずれも安全を意識して、最後までよく確かめながら片づけをすすめられるようにする。
11:40	○全員でリレーをする	
12:10	○食事をする ［当番］机を拭く 　　　　花を飾る	一昨日、T児から出された「3チームでやったほうがたくさん走れる」という考えを取り入れやってみる。他にも**ルールについて考えが出る時には、その都度皆で一緒に決める。**
13:35	○好きな遊びをする ○後片づけをする ○学級で歌ったり物語を聞いたりする	・当番が野菜の話をする、皆で聞く ・歌「あめふりくまのこ」 ・詩「（まどみちお詩集）」 ・物語「王様びっくり」 野菜の生長を**自分なりの言葉で表現しようとする姿を捉えて、その良さが他の幼児にも伝わるようにしていく。**今日取り組んだことについても加えて、全員に紹介できるようにする。 本日も詩や物語の読み聞かせを行い、想像しながら聞く経験を積み重ねていけるようにする。
評価の観点	○幼児同士が問題を共有し、考えを出し合って解決しようとする姿を捉え、保育者も一緒にその過程を支えることができたか。 ○遊びや片づけの際、安全な遊具・用具の使い方を意識できる環境であったか。	

前日、のこぎりで切った板の切れ端を思い出し、それを並べて人の形にする。

B子「かおはどこ」

C子「これ、これ」

E子「目はこれね」と釘をすべて打ち込まず、飛び出した状態で2本打つ。

A子「カミイ*みたい」

B子「これ、カミイね」

D子「なみだのもと、入れなくちゃ」とおはじきをもってきて、ボンドで貼る。

F男、G男も加わり、体を打ち付けていく。

A子「もっと目をかこう。ここにも」と体の部分にもペンで描く。

D子「かかしはいっぽんあしだよ」

B子「でも、カミイのかかしだからいいんだよ」

　できたものを畑に運び、立てる。

*以前読み聞かせをした物語（『ロボット・カミイ』古田足日作）の主人公の名前

　この日案では、「遊びや活動の中で起きた問題を友達と共有し考えを出し合って解決しようとする」というねらいを立て、「気の合う友達と相談しながら遊ぶ」ことを中心とした一日を計画しています。好きな遊びとしては（資料17中段参照）、「カラスを避ける方法を考える」「サッカーをする」「裸足になり、水路をつくる」「泥と水を混ぜて料理ごっこをする」「空き箱などを組み合わせてつくる」と、それぞれの気の合うグループでの遊びを予想しています。いずれの遊びにおいても、問題を共有し解決するために相談していく姿を期待しています。また「全員でリレーをする」機会をつくることで、その中でも相談することがうまれることを予想しています。保育者は、いずれの場面でも、この日のねらいを十分意識して援助しようと考えていることが計画の記述からわかります。

　日案の配慮事項を見ると、ことばに関連した保育者の援助が、計画に位置づけられていることもわかります。栽培している野菜の水やりで「生長についての幼児の気づきに、耳を傾ける」、当番が学級の皆に野菜の話をする場面で「自分なりの言葉で表現しようとする姿を捉えて、その良さが他の幼児にも伝わるようにしていく」、「詩や物語の読み聞かせを行い想像しながら聞く経験を積み重ねていけるようにする」といったことです。

> コラム　　　　　　　　　　　　　　　　　　　　　　　　　　　　　　Column

話しことばと書きことば

　子どもたちは、就学までにさまざまな場面でことばを身につけていきます。友だちとの遊びや活動、ときにはけんかもあります。絵本や紙芝居などの児童文化財に出会い、お話を聞いたり、その内容を覚えてしまったりもします。

　毎日の保育はめまぐるしくすすんでいきますが、子ども同士の会話やことばなどを意識的に聞く（記録する）機会をつくってみてください。園生活において、豊かなことばを発しながら、自分なりにことばの世界を形成しようとしている子どもの姿と出会えます。

　4・5歳児頃になると、文字に関心をもつようになります。個人差はありますが、園内をはじめ身近なところで文字の存在に気がつき始めます。文字を「書いて伝えたい」「読んでみたい」などの積極的意欲も出てきます。保育実践においては、子ども自身の能動的な気持ちを大事にした文字の世界への取り組みがあってよいと思います。「おみせやさん」「ゆうびんやさん」など、ごっこあそびを工夫した保育実践から、楽しく文字にふれ、書きことばの世界に入っていくことができます。

　岡本夏木は、幼児期の身近な人と交わされることば、話しことばを「一次的ことば」としました。そして、広く他者へ向けた書きことばや伝えたいことばを「二次的ことば」として説明しています（3章 p.78参照）。後者は、幼児期後半から主として就学以後の課題です。

　乳幼児期からの幅広い生活経験をふまえた豊かなことばの世界が、学童期への土台となっていくのです。保育者は「一次的ことば」の育ちをうながしていく役割があります。同時に、「二次的ことば」へのていねいなアプローチが求められます。保育園・幼稚園において、話しことば、書きことばにかかわる保育実践を検討するとき、大切にしてほしい視点です。

（2）ねらい以外の部分にことばの視点を取り込んだ日案例

【日案にもとづく保育の記録】（資料18）
　Ｃ子とＥ子がままごとコーナーの入り口についたてを立て、その中で遊んでいる。
　スチロール積み木を組んだ場で、Ｅ男、Ｆ男、Ａ男、Ｈ男、Ｂ男、Ｃ男がウルトラマンとボウケンジャーのイメージで遊んでいる。男児がままごとコーナーに入ろうとすると、Ｃ子「ピンポンしないで入った」と騒ぎ出す。男児もなぜ入ってはいけないのかという剣幕である。
保育者「Ｃ子ちゃん、ピンポンしたら入れるの？」
Ｃ子「うん」
保育者「ピンポンしたら入れるんだって」
Ｃ子「あ、こわい人はだめ」
保育者「こわい人はだめなんだって」
Ａ男「ぼく、こわくないよ」
Ｅ男「ピンポンなってるよー。ピンポン、ピンポン、ピンポーン」
　とついたてのところを押す真似をし、Ｃ子に聞こえるように言う。
Ｃ子「Ｅ男くん、来たー」とついたてを開ける。
保育者「やさしい人は入れるって」
Ｈ男「Ｈ男ちゃん、やさしい人だよ」

　この日案では、「仲の良い友達と場を共にすることを喜ぶ」というねらいを設定し、内容でも「数人の友達と一緒にごっこ遊びをする」ことを示しています。いずれも、ことばに関するものが中心ではない書き方ですが、その中でことばに関する指導が計画されている部分は、配慮事項の一つにある「……最初に遊び始めた幼児だけで場を使い、途中から入ることを嫌がる場面もあるが、役のイメージを壊さないような言葉でやりとりし、仲介する」という記述です。このような保育者の働きかけが、「仲の良い友達と場を共にすることを喜ぶ」というねらいを達成するためには必要であると考えたからです。なお、実際の保育では記録に示したような場面がありました。
　このように、ねらいや内容にことばの側面に着目した記述をしない場合

資料18 日案（3歳児、11月）

幼児の実態	週の初めは様子をうかがって遊び出す姿があったが、ここ数日は、幼児同士誘い合ってすごす姿が安定している。2～3人で同じ物をもちたいようで、必要なものを集めてから遊び出す姿がある。特に、室内のヒーローごっこやままごと、園庭での遠足ごっこなどでは人数が増え、5～6人が一緒にすごす姿も見られる。		
ねらい	○仲の良い友達と場を共にすることを喜ぶ。	指導内容	○数人の友達と一緒にごっこ遊びをする。
時間	幼児の生活と配慮事項		

○登園する
○登園時の活動をする
　・コップを出してうがいをする

　　［友達との会話に夢中になり、室内に入る前に時間のかかる幼児もいるので、雰囲気を大切にしつつ促していく。］

○好きな遊びをする

　　［通園時の衣服が多くなっているが、きちんとたたんでから、整理してかごへしまえるように教える。］

【ままごとコーナー・ついたて】
・お家ごっこをする
【スチロール積み木・テント】
・ヒーローごっこをする
保育室
【砂場・ついたて・すのこ】
・料理ごっこをする
【コブシの木陰】　　　　【巧技台にゴザを乗せたベッド】
・お家ごっこをする　　　・お家ごっこやお店ごっこをする
【園庭隅の一角】・遠足ごっこをする

　　［ままごとコーナーでは、最初に遊び始めた幼児だけで場を使い、途中から入ることを嫌がる場面もあるが、役のイメージを壊さないような言葉でやりとりし、仲介する。］

　　［同じイメージをもつ幼児同士が集まり、ごっこ遊びをすすめていけるように、拠点となる場をそれぞれに確保していく。昨日までと同様、ついたて、テントなど幼児が簡単に組み替えられるものを用いて、囲われたスペースを作る。広さは一緒に使う人数に応じて、手を貸して調整する。］

　　［それぞれ数人ずつの場が安定するように、保育者も一所（主に砂場での料理ごっこ）にとどまり、そこを起点にしながら、じっくりと遊ぶ雰囲気をつくる。また、園庭の一角にでかける「遠足ごっこ」は、保育者が加わることで、大勢が加わり続くので、他の遊びが一段落したところで誘いかける。］

11:30　○後片づけをする
11:50　○歌「かわいいかくれんぼ」を歌う
　　　　○素話「オオカミと七匹の子ヤギ」を聞く
　　　　○食事をする

略

備考	評価の観点	○それぞれの幼児が、仲の良い友達と場を共にすることを喜ぶ姿が見られたか。 ○仲の良い数人の幼児同士が一緒にすごせるように、安定した環境構成や援助ができたか。

でも、どのような環境構成や保育者の援助があるかといった箇所では、ことばの働きを指導計画に位置づけていくことができる場合が多くあります。

（3）ことばに関する特定の活動に着目した日案例

5歳児頃になると、ある特定の活動に着目し、その活動の中でことばに関する幼児の育ちを期待する場合も出てきます。ここでは、その一例を紹介します（**資料19、20、21**）。なお、指導計画の最も短い単位は一日を単位とした日案です。ある特定の活動に着目して計画を立てる場合であっても、それが一日のどの時間に行うか、その活動と前後の生活・遊びはどのように関連しているかといったことも十分吟味しなければなりません。

資料19　カルタづくり　日案（5歳児、1月）

前日までの姿	先日、双六をつくろうということになり、「○コすすむ」「もどる」「ここにきたらさきにとべる」など、それぞれアイデアを出し合う姿があった。また他の遊びでも、書く姿がよく見られている。		
ねらい	○リズム感のあることばを考え、文字や絵で表す面白さを感じる。	内容	○読み札を書いたり、絵札を描いたりしてカルタを作り、使って遊ぶ。
時間	幼児の生活・活動	環境構成・保育者の援助	
	○好きな遊びをする ・カルタをする ・双六をする		
10:50	○カルタをつくる	[用意するもの]　それぞれ　右肩に円を書いておく 　　読み札用　八つ切りの四分の一　ボール紙 　　絵札　八つ切り　ボール紙 ○いくつか、文章をつくる例を全員で取り上げてから、好きな仮名を選んでかくようにする。 ○文字の書き方については、興味に違いがあるので、一緒に書くなど個々にかかわっていく。 ○読み札のことばを思いついたら、そのことばに合う絵札も描けるようにする。カルタらしいわかりやすい絵柄を考えられるようにする。 ○できたものは、互いに見られるようにし、他のことばを読むことや絵柄を見ることで、新たな表現につながるようにしたい。		
13:00	○好きな遊びをする ・つくったカルタで遊ぶ	○遊戯室にカルタを並べて実際に遊べるよう、スペースをとる。保育者も一緒に遊びながら、愛着を持って大切にしていけるようにしたい。	
評価の観点	○カルタらしいリズム感のあることばを考え、それを文字や絵で表すことに面白さを感じていたか。 ○カルタ作りの過程で、ことばの面白さを感じられるような保育者の働きかけがあったか。		

Chapter ❻ 指導計画と「ことば」

資料20　夏休みの経験の発表　日案（5歳児、9月）

子どもの姿	夏休みの間、なかなか会うことのできなかった友達と一緒に過ごせることが嬉しいようで、朝から友達の登園を待っておしゃべりをする姿がある。また、夏休みにあったことを、保育者や友達に話そうとすることも多く見られる。		
ねらい	○友達の前で話をすることに自信をもつ。	内容	○夏休みの出来事について発表する。

時間	幼児の生活・活動	環境構成・保育者の援助
13:10	○食事を片づける ○夏休みの出来事について発表する	○文章の型を用意し、それに沿って発表する機会をつくる。無理なく自信をもって話せるように、まず保育者が紙をもち話してみることで、楽しい雰囲気をつくる。 ［用意する紙（八つ切り板目紙）］ 　表面　なつやすみ　□といっしょに 　　　　　　　　　　□にのって　□へいきました。 　裏面　□が　□です・でした ○友達の話に注目し、聞く側の幼児の興味がうまく向くように、保育者も一緒に期待して聞く姿勢になる。

評価の観点	○幼児が自信をもって友達の前で話をしたり、友達の話をよく聞こうとしたりする機会となっていたか。

資料21　特別なあいさつ　日案（5歳児、10月）

幼児の実態	本日は、実習生とのおわかれの会を行う。園生活の中で実習生が来ることは今回で最後となる。毎日楽しく遊んでもらった気持ちがあり、今日の別れをわかっていて、残念そうにしている幼児も多い。		
ねらい	○親しんだ人に、気持ちを込めて自分なりのことばであいさつしてみようとする。	内容	○実習生との別れを知り、おわかれ会をする。

時間	幼児の生活・活動	環境構成・保育者の援助
12:50	○おわかれ会をする ・実習生の劇を見る ・握手をする ・一人ずつ、実習生にあいさつをする ・実習生の話を聞く	○それぞれの気持ちをことばで表現する時間を設ける。 ○これまでも何度か経験していることなので「ありがとう」だけでなく、どんなことが心に残っているかなど加えてことばにしていけるように働きかけてみる。

評価の観点	○実習生へ気持ちを込めて、自分なりのことばであいさつする姿があったか。また、個々の表現を、保育者が丁寧に捉えたり支えたりできたか。

第7章 家庭との連携と「ことば」

第1節　保育を伝える手段としての「クラスだより」

(1) クラスだよりの形式について

　クラスだよりは決まった形式というものがありません。園によって、保育者によってさまざまです。発行頻度もまちまちで、毎月あるいは数日毎、多い保育者は毎日といったように違いがあります。
　形式例①（**資料22**）は、各クラス別に子どもたちの様子をおたよりにしたものです。たとえば「ふとした子どもの疑問やつぶやき」コーナーを設けたり、保育の中で歌っている歌などを紹介したり、親子で会話が弾むことを期待しておたよりを作成することもあります。形式例②（**資料23**）は、各クラス別ではなく、園全体の子どもたちの姿が読み取れるようにすべてのクラスを掲載したおたよりです。いずれの形式においても、欠かせないことは、子どもの姿から「保育」を伝える内容を盛り込むことです。

(2) クラスだよりの内容について

　クラスだよりは、基本的に子どもとかかわっていない時間に書くものですから、時間を見つけ、伝えたいことを整理する作業を考えると、決して片手間でできることではありません。しかしながら、筆者の保育経験をふり返るとき、クラスだよりがあったからこそ、保育1年目であっても保護者の方が保育に対して理解を示し、協力くださったのだと強く感じます。

Chapter 7 家庭との連携と「ことば」

資料22　クラスだより形式例①

さくら組だより　〇月〇日

○○
○○ ふとした子どもの疑問や
つぶやきを紹介する内容

○○
○○ 子どもの姿から「保育」
を伝える内容

○○
○○ 親子で会話が弾むことを
期待した保育内容

（例）
　ある日のお昼寝の時間。『ももたろう』のおばあさんが、流れてきた桃を持ち帰った場面を見たＡちゃんの言葉です。
Ａちゃん「おせんたくものはどうなったの」
　桃だけを持ち帰ったおばあさんの絵を見て疑問に思ったようです。

（資料a～e参照）

（例）今月のうた
・雨　・雨ふりくまのこ
・もりのくまさん
・かえるのうた　・かたつむり
・たなばた　・おうまはみんな

資料23　クラスだより形式例②

〇月　おたより

園長先生より

○○○○○○○○○○○
○○○○○○○○○

★3歳児

　子どもの姿から「保育」を伝える内容

★4歳児

　○○○○○○○○○○
　○○○○○○○○

★5歳児

　○○○○○○○○○○
　○○○○○○○○

★各担任が担当する箇所（資料a～e参照）

保育者がどのような意図をもって日々の保育を組み立てているか、子どもに対してのかかわりをどのような願いのもとに行っているかなど、クラスだよりは保護者へ「保育」を伝えるための重要な手段です。よって、内容については保育者間で確認し合い発行する必要もあります。

154～157ページまで、特にことばに関連することについて、実際のクラスだよりをいくつか紹介しています。クラスだよりが、保育者の保育観や子ども観を映し出すものであることが読み取れると思います。また、一見保育者側の思いとして書かれている部分（資料a～c下線部）が、実は保護者への願いであり、メッセージであることもわかります。クラスだよりが保育者によってさまざまであることは先にも述べましたが、さらに、保育者にとっての感動や保育の充実が、クラスだよりの活力であることもつけ加えておきたいと思います。

◆クラスだよりを書く視点と文例

・ことばにならない子どもの気持ちを受け止め、応えていくことの大切さを伝える（資料a）
・集団における葛藤について、年齢の特徴と保育者のかかわりを伝える（資料b）
・環境設定の中で子どもが興味を持ち、保育者がかかわりを持つことによって、共感し合えることを伝える（資料c）
・年齢による子ども同士のかかわりを、ことばの視点でとらえ伝える（資料d）
・遊びを創り上げていく子どもの姿を伝える（資料e）

【資料a-1　0歳児7月のクラスだよりから抜粋*】

　天気のよい日には外に行きたい様子で、靴箱を見ながら自分の靴を探していることがあります。靴を見つけて嬉しそうにしている子どもたちに「外に行こうか」と話しかけると「お〜」と声を出しながら園庭を指差していました。「外は暑いから帽子をかぶって行こうか。お部屋に帽子取りに行こう」と誘うと保育者と一緒に部屋に帰っていく姿が見られます。子どもの行動を見ながら、"何を伝えたいのかな"と気持ちを解ろうとする言葉をかけると、顔を見ながら話を聞いてくれる姿が見られるようになりました。

＊資料提供：社会福祉法人照護会　宮原慈光保育園

Chapter 7 家庭との連携と「ことば」

【資料a-2　3歳児6月のクラスだよりから抜粋】
　入園から2ヶ月以上たち、積極的に遊ぶことが増えるにつれ、友達とのかかわりも多くなりました。自分の気持ちが通らないこともちろんあります。そのような時、どちらもが、悲しい表情をしていることに気づかされます。相手を傷つけてしまったという感覚は、幼児自身が一番感じるのかも知れません。大人はつい言葉での解決をすすめがちですが、一呼吸置き、まずは言葉の後ろにある心のうちに、少しでも寄り添いたいと感じています。

＊資料提供：社会福祉法人照護会　宮原慈光保育園

【資料b　0歳児6月のクラスだよりから抜粋＊】
　1歳を過ぎると、自分の思いをはっきりと表す行動をします。友達が使っているおもちゃを見ると欲しくなり、取り合いになってしまうこともあります。そんな時には「ほしかったのね、貸してって聞いてみようか」「まだ遊ぶんだって、いっぱい遊んでから貸してもらおうか」と、お互いの気持ちを解ろうと心がけながら話しかけると、安心したように他の遊びを見つけることもあります。時には、貸してくれることもあり、「ありがとう」という保育者の姿を見て、同じように頭を下げていることもあります。

【資料c　0歳児4月のクラスだよりから抜粋＊】
　壁に沿って伝い歩きをしていたB君（0歳10ヶ月）が立ち止まって「おっ、おっ」と、自分の目の高さに貼ってある動物の写真に興味を持ったようです。犬の写真を手のひらで触っていたので「これ、ワンワンね」と言うと、膝を屈伸させて喜びます。隣のカンガルーの写真を見て「これはカンガルーだね、動物園で見たことあるよ」と話していると、同じ月齢のA君も這い這いをして寄ってきました。保育者に寄りかかるように立っているA君に「家にワンワンいるね、この前、お家に行ったときに見たよ、Aちゃん家のワンワンと一緒だね」と言うと、しばらくじっと見てから写真に顔を近づけて頬をすりよせました。「Aちゃん、すきすきしてるの」と声をかけると、嬉しそうな笑顔が返ってきました。
　子どもたちは自分の周りのことに興味を持って見ています。言葉はまだ出ませんが、話しかけると表情やしぐさで応えてくれます。周りのことを見たり、聞いたり、触れることから、いろいろな事を感じているようです。子どもたちの好きなものを一緒に見つけながら、家にいるときと同じように、ゆったりと安心して過ごせるような雰囲気を作っていきたいと思っています。

【資料d-1　2歳児9月のクラスだよりから抜粋*】

＊資料提供：社会福祉法人照護会　宮原慈光保育園

　食事を終え、昼寝の準備をしている保育者の所に来て、
Sちゃん「せんせいSちゃんのお布団とって」
Aちゃん「風船とって」と、同時に言ってきて"Aちゃんが先だった""Sちゃんが先だった"とケンカになってしまいました。
　どっちが先だったかわからずに困っていると
Sちゃん「じゃー、じゃんけんしようか」
Aちゃん「いいよ」
Sちゃん「じゃあ、AちゃんはチョキだしてSちゃんはパーだすから」
A・S「さいしょはグー、じゃんけんぽん」
Aちゃん「Aちゃんがかった」
Sちゃん「じゃー、いいよAちゃんがさきだ」

【資料d-2　3歳児11月のクラスだよりから抜粋】

　最近、友達同士で言葉を共にする姿が多く見られます。例えば、遊園地の2つの築山に向かい合って立ち「せーの」「やっほー」「もう一回、せーの」と何度も息を合わたり、食事中に「〇〇だのう～」と語尾に節をつけた一人の言い方を周りの幼児が面白がって真似したりする姿です。『同じ言葉』を共有することは、『同じ物』を持ったり、『同じ場所』を使ったり、『同じ役』になりきったり、『同じ動き』をしたりすることと同様、友達との仲間意識を高めることに繋がっています。友達と『同じ』であることは、とても大きな魅力のようです。

【資料e-1　5歳児7月のクラスだよりから抜粋】

　天気が良く、ほとんどの幼児が戸外に出てすごしていたある日、遊戯室での出来事です。一人がエレクトーンを弾く用意をしています。別の5人が入り口に一列に並びます。「はい、いいよ」という合図で、エレクトーンの音が鳴り出すと、5人は遊戯室の中央まで出てきて、大きく手を広げたり、円になって回ったりしながら、曲が終わるまで踊っています。どうやら、バレエごっこをしているようです。一度終わるともう一回と、並び直します。お客さんは一人もいないのに「何だか緊張するね」「ドキドキするよ」という会話が聞かれました。「忘れてた！」と急いでままごと用の長いスカートをはいて揃えます。一連の遊びをこっそりと見ていたのですが、仲の良い友達と一緒

にいることの嬉しさがあるようでした。その後、「暗くしなくちゃ」と遊戯室の電気を消し、「誰にも見られないように」とドアとカーテンを閉めていきます。友達や先生達が覗くと「だめー、見ないで」と、閉めきります。これは、他を入れない姿にも見えますが、自分たちの空間をまず大切にしたいという気持ちが表れている姿と感じました。

【資料e-2　5歳児10月のクラスだよりから抜粋】
　皆で「ドロケイ」をした時、好きな役を選んだところ、全員が「警察」になりました。担任と実習生だけが「泥棒」でよいということだったので、遊びを始めました。大人とは言え、30人以上が相手ではすぐに捕まってしまいました。次も、同じままでよいとのこと。やっぱり数分で遊びが終わりました。すると「私、泥棒になる」「僕も」と、役を変える人が現われました。泥棒役が増えたことで、捕まったあとでも救出することができるようになり、スリル感のある遊び方となっていきました。ルールやチームがあることで、他の遊びとは異なる面白さを感じることができます。そのことをよくわかるからこそ、チームを変えるという姿が現われてくるのだと思います。大勢の遊びとして、ボールを使った「中あて」や、童歌遊びの「花いちもんめ」も人気があるようです。

第2節　園と家庭をつなぐための連絡帳（お便り帳）

　保育園や幼稚園などの子どもを預かる施設では、子どもの生活がスムーズに行えるように、家庭と保育の場との連携を大切にします。たとえば、子どもを預かる際には家庭での子どもの様子を聞いたり、降園時には保育園・幼稚園などでの子どもの様子を保護者の方に伝えたりするなど、保育者と保護者が直接会い、顔を見ながらコミュニケーションをはかる配慮をしています。また、保護者と保育者が共通の理解のもとに一人ひとりの子どもの育ちを支えられるようにという意味からも、コミュニケーションを大切にします。特に保育園では、保育園での生活時間が長いことや、低年齢児を預かっていること、また、保育者の勤務時間の関係上どうしても保護者の方と直接お話できない場合も想定し、個別に連絡帳（お便り帳）を

作成し、家庭と保育園との緊密な連携をはかる配慮をしています。連絡帳（お便り帳）は、各保育園で保育を行う上で必要となる情報や保護者からの要望など、子どもの育ちを考慮して保育園ごとに工夫して作成されています。**資料24、25**は0歳児クラス、1・2歳児クラスの連絡帳（お便り帳）の例です。

0歳児クラスの連絡帳は、時間軸を24時間にし、家庭と保育園との生活が子どもにとって負担なく移行できるように配慮しています。

連絡帳は、あくまでもコミュニケーションの一手段です。中には連絡帳を書かない家庭があるかもしれません。しかし実際に直接話をしてみたら、実は仕事が忙しくて疲れており、連絡帳までどうしても手がまわらないという状況だった……という保護者の精一杯な生活の様子が理解できたということもあります。ですから、連絡帳に何も書いていないからといって、保護者に対する見方を一方的に判断しないようにしましょう。

また、連絡帳を通した保護者とのやりとりで困ってしまったときは、園長・主任保育士やクラス担任とよく相談し、保育者間の連携をはかりながら記入していきましょう。

コラム   Column

デジカメ写真で保育を伝える

デジカメ写真を活用し、保育の様子をリアルに伝える工夫が行われています。写真をプリントアウトして保護者に見てもらい、子どもの育ちを共有できる取り組みです。

事例①「ボードフォリオ」（千葉・和光保育園）

園で発行される壁新聞は、ニュージーランドの「学びの物語」の記録ファイルであるポートフォリオをもじって「ボードフォリオ」と呼び、「子どもの今」を写真にして張り出します。「思わぬ効果」として「子どもが大人の手を引いてボードへ連れて行き」、生きいきと場面を語り出したとのことです。子どもと大人が「遊びや生活を共に創り出す関係」だと、園長の鈴木眞廣氏は言います。

事例②「あゆみノート」（東京・長房西保育園）

写真を活用し、一人ひとりの成長記録を「あゆみノート」として作成し、保護者に届ける実践があります。子どものエピソード記録、写真、指導計画を同時に見ることができます。保護者からは「こんなにていねいに見てくれる」という評価を受け、園と保護者との信頼関係が築かれていきます。

（川内松男『保護者とつながる 保育の写真活用法』ひとなる書房、2012年、p.76、p.78より）

Chapter 7 家庭との連携と「ことば」

資料24　連絡帳（お便り帳）0歳児クラスの例

資料提供：社会福祉法人あすみ福祉会　茶々いまい保育園

資料25　連絡帳（お便り帳）1・2歳児クラスの例

資料提供：社会福祉法人あすみ福祉会　茶々いまい保育園

第8章 「ことば」を聞く意味、記録する意味

【事例8-1】子どものことば
「おばあちゃん、にっぽんのはたってどれ」（あれだよ、と指さす）
「あれは、にほんのはたでしょ？」（おばあちゃんは首をかしげる）
「ねえ、ねえ、どれなの？」
「あ、わかった、にっぽんとにほんって、きんじょなんだ」
（女児5歳3ヵ月）

　　　　　　　＊　　＊　　＊

スーパーの鮮魚売り場でのこと。
「あじって、さかなでしょ？」（そうだよ、と母親が応じる）
「あじって、さかなでしょ？」（と、何度もくり返す）
（そうだって、言ってるでしょ。大きな声で言わないで）
「ちいさいあき、ちいさいあき、ちいさいあき、みーつけたあ」
（と大声で「ちいさいあき」の歌をうたいはじめた）
（女児5歳4ヵ月）

第1節　口頭詩とは──幼児のことばを記録する取り組み

　乳幼児たちはさまざまな表現をします。幼児のことばは、保育者や親たちにより聞きとられ、記録されてきました。
　幼児のことばを記録する口頭詩採集運動（口頭詩集『ひなどり』の発行　コラム p.163）は、1960年代半ばから長野県の保育者や親たち（長野県幼年教育の会）によって取り組まれてきました。就学前の幼児たちは、文字を十分に書けません。そこで子どもが発することばの中に、一人ひとりの

願いや親の暮らしを見つめたい、何気ない子どものつぶやきを詩のように大事にしたいと、「口頭詩」を記録する取り組みが始まりました。

「ひなどり」の運動は、やがて全国の保育実践・保育研究にも積極的役割を果たしました。口頭詩を採集する運動にかかわった保育者の考え方には、小学校の教育実践における生活綴り方運動による影響があったと指摘されています。

この取り組みには、親たちも主体的に参加していきました。保育者は、子どもを、大人の生活を背負い精一杯生きている存在として認識することをめざしました。子どもの生活をまるごととらえて、保育実践を積み上げてきました。つまり、口頭詩の採集運動とは、保育者と親たちが生活を背負う子どもの現実を見つめる保育の役割を共有しようとしたものであると言えます。ことばの記録をもとにして、子どもを見つめる視点を持つ口頭詩の採集運動には、保育の原点と響き合う歴史的意義を見出すことができるでしょう。

第2節　ことばへの自分なりの視点を持つこと

　口頭詩の歴史をふまえながら、保育者は日々の保育の中で子どものことばをどうとらえればいいか考えてみましょう。

　保育者は子どもたちのさまざまな面を見ています。筆者がかかわったいくつかの事例で考えてみると、たとえば、毎日の保育場面で、子ども同士の言い合いやけんかが少なくありません。その場合、どんなことが問題になり激しいけんかになっているのか、可能な範囲で具体的に把握してみましょう。

【事例8-2】野球ごっこ（5歳児）
S「せんせい、Tくんはね、おれたちに、かるくうてっていうんだよう」
T「えっ、そんなこといってないよ」
S「いってるよ、そっちのくみ、つよいひとばっかりいる」
T「えっ、おんなじだよ、かずは」
S「かずはおんなじでも、つよさがちがうよ」

二人の言い合いは、かなり長く激しくなり、つかみ合いにもなりました。もちろん、様子を見ながら間にも入りました。二人の言い分を聞いていくと、自分たちのチームと相手チームとの強さの違いを比較し、主張し合っていることがわかります。ことばを駆使して、自分の考えをぶつけ合う姿を見出すことができます。もちろん、けがをさせては困りますが、けんか自体は子どもの成長・発達において積極的役割を持つと言えるのではないでしょうか。
　また、子どもが大人の仕事や生活のしぐさを見つめながら、ことばを発していることがよくあります。

【事例8-3】Cくん（2歳半）が砂場で遊んでいます。コップに砂をたっぷりと入れ、それをまきながら何かを口ずさみ、歩き回っていました。近くで聞いてみると「まいてんの、まいてんの、おおきく、おおきく、おとうさん……」と、ことばを発していることがわかります。

　Cくんは、父親が畑で仕事をする姿を思い返し、遊んでいるのです。

【事例8-4】子どもたちと散歩に出かけたとき、花が咲き終わって地面に落ちていた桜の葉を見ていました。そのときに、葉を1枚拾ってDくん（4歳半）が言ったことばです。
　「せんせい、このはっぱ、みて」
　「ほら、これ、きれいでしょ」
　しかし、私は他のことに気がとられていて、あまりDくんのことを聞いてあげていませんでした。いっしょに散歩に行ったA先生が「へー、Dくん、いいものみつけたねえ。この色ってすてきだよねえ」と言いながら話を聞いてあげたのです。すると、子どもたちが次から次へと、発見したものを先生に報告に来ました。そして、Eさん（5歳児、女児）が、しみじみとした調子で話してくれました。
「せんせい、たんぽぽってさあ、かれるといいねえ」
「どうして？」
「だって、こうやって、ふうーってやって、やってさあ、ふえるからさあ」

　この記録から、散歩の場面が目に浮かびます。そして、子どものことを

十分に聞いてあげていなかった自分の保育の姿勢に反省した気持ちまで思い出します。ことばを記録することで、子どもは自然に近いということについても考えさせられました。そして、保育者である自分のあり方にも目を向けることになりました。

　こうしたことばのやりとりは、保育園・幼稚園では無数に行われています。では保育者は、子どものことばをどうとらえていけばよいのでしょうか。まずは、ふだんから子どものことばに関心を持ち、記録してみることをおすすめします。ある程度経験を積みながら、それぞれの保育者が自分

コラム　　　　　　　　　　　　　　　　　　　　　　　　　　　　Column

口頭詩集『ひなどり』

　1965（昭和40）年、長野県幼年教育の会の保育者や親たちは、幼児の口頭詩集『ひなどり』を発行しました。子どもの発見や驚きを大切にしたいと、幼児のつぶやきに注目し、記録し、冊子にまとめていきました。

　なぜ、口頭詩と呼ばれてきたのでしょうか。『ひなどり』（1967年版）では、以下のように説明されています。

　子どもたちの感動表現に、わたしたちは「詩」としての「価値」を与え、ものをみつめる目や感ずる心を育てていくことが、おとなとしての責任でもあり、そのような子どものことばを大切にすることによって、わたしたち自身が子どもの成長に目が開かれていくのだと考えて幼児の「お話」を採集する仕事をつづけてきました。これが、わたしたちが、あえて「口頭詩」とよぶゆえんです。（p.73より）

　『ひなどり』は、1965（昭和40）年から1979（昭和54）年まで発行されました。文字を十分に書けない子どものつぶやきを聞きとり記録する運動は、その後全国の保育園や幼稚園、家庭でも広がってきたと言えます。今日でも『母の友』『ちいさいなかま』などの保育・教育雑誌をはじめ新聞記事等にもよく掲載されています。

　口頭詩の始まりは、大正期における鈴木三重吉の『赤い鳥』教育運動にさかのぼることができます。当時の小説家たちが幼児のことばに注目し、「幼児の生活報告」が掲載されました。長野県内の歴史としては、昭和初期（昭和7、8年頃）に教師たちの「書く前の指導」として始まったと指摘があります。やがて1960年代半ばになると、小学校教師たちによる作文の会や生活綴り方運動との交流・研究もすすめられてきました。

　幼児のことばを記録する取り組みには、保育者や親たちによる子どもの発見がありました。その歴史を紐解くと、子どものことばには、自然や生活環境の変化、大人の労働や文化の領域にまで広がる課題が存在していることがわかります（参考文献：長野県幼年教育の会編『口頭詩集ひなどり』1967～1977年版。村山士郎『現代の子どもと生活綴方実践』新読書社、2007年）。

なりの視点を持ち、ことばを聞く・記録していくことが大事だと思います。

そして、子どものことばから気づいた点を、仲間同士でよく議論しましょう。そのことで子どもの見方は深まっていきます。

忙しい保育の日々において、ことばを聞く・記録するという目立たない地味な取り組みを重ねることになります。それでもたとえ数行程度のメモであっても、時間的経過を追ってその記録を振り返るとき、作業を蓄積してきたことの価値が輝いてくるのです。子どもの姿がよく見えてくることもあります。保育者の子どもの見方・保育観が豊かに広がっていくことを、具体的に認識することにつながっていきます*。

＊参考文献：村田道子『せんせいがうまれたときかいじゅういた？』小学館、2002年。近藤幹生『人がすき 村がすき 保育がすき』ひとなる書房、2000年

第3節　ことばを記録するには――ことばの記録・活用方法

基本的作業としては、子どものことばや様子を気軽な気持ちで書いていくことです。まずは、「子どものことばは、おもしろいな」という発見から書くことでよいと思います。

具体的には、自分なりの「ことばの記録ノート」（資料26）を作成してみましょう。ポケットに入る小型の手帳でもかまいません。広告紙の裏にメモをとり、マグネットなどで貼っておき、あとで整理する方法もあります。

「ことばの記録ノート」を決めたら、それに具体的なことばや会話、氏名、年齢、記録した日時、記録したときの様子を書いていきます。「記録したときの様子」とは、たとえば「おやつのときの言い合い」「飼育当番をするAくん」などと書いておきます。

「ことばの記録ノート」を、後で読み返してみることは楽しいものです。10年以上前のたった1行のメモなのに、当時の自分や子どものことが克明に思い出されたりします。「ことばの記録ノート」は、すべての項目について厳密すぎる記録である必要はありません。書くことが楽しくなるよう工夫してみてください。

次に、記録の活用方法を考えてみます。子どものことばの具体的記録があれば、園と家庭との連絡帳へ記入する際に参考になります。また「園だより」「クラスだより」**で、「ことばコーナー」に掲載することもでき

＊＊「園だより」「クラスだより」については、本書7章を参照

ます。園によっては「文集」や「ことば記録集」などを定期的にまとめながら、子どものことをいっしょに議論し合う実践例もあります。記録の方法、活用の仕方についても、さまざまな創意工夫があってよいと思います。

第4節　子どものことばの世界を広くとらえること

＊筆者も参加している「子どもとことば研究会」（「ことばを聞く、記録する」分科会）では、子どものことばに関心をもつ保育者や研究者が集まり研修を重ねています。すでに約30年の歴史があり、「子どものことばを聞く、記録する」ことに関して幅広い議論を積み重ねてきました。この研究会で学んだ内容から紹介します。

子どものことばを記録するといっても、乳児（0歳児）の場合はどう考えたらよいでしょうか＊。乳児（0歳児）の願いをつかむことは、簡単ではありません。まだことばを十分に話せないからです。そんなとき、その子の泣き声や表情をよく見ていくと、しだいに「あっ、お腹がすいていたのね」「そうか、おむつがぬれるから泣いているのか……？」などと、願いや要求の内容がわかるようになってきます。ですから、乳児の場合は、表情や保育者とのやりとりをメモする方法であってもよいでしょう。また、1、2歳頃の子どもになると、何を誘っても「いや」「だめ」など拒

資料26　ことばの記録ノート

具体的なことば や会話	
氏名 （仮名でよい）	
年齢 （およその年齢）	
記録日時	
記録したときの様子	
その他	

否のことばばかりが強くなったりもします。2歳半頃のCさんが「せんせいのばーか、せんせいのばーか」としきりに言ってきました。言われる先生もつらいのですが、粘り強くその子とかかわってみると「あそんでほしい」という気持ちの表れだったとわかったこともあります。

　つまり、乳児に限りませんが、「音声としてのことば」に表れない、その子の願いを聞こうとすることが大事なのです。子どもの願いは、目や表情、泣き声などによって、具体的にわかるようになります。乳児期をはじめ、ことばとともに、子どもの表情・泣き声などへも注目してほしいと思います。

　子どものことばを聞く・記録することで、二点ほど課題を提起しておきます。一つめは、どんな気持ちや姿勢で記録するかということです。つまり、自分が「書いておきたい」という能動的な記録であるかということです。毎日の保育において、保育者に義務づけられている記録書類がたくさんあります。そんな中でも、自分が「○○さんのこの姿を、ことばを、記録しておきたい」という能動的姿勢でとるメモがやがて価値あるものになっていきます。子どもへのとらえ方、保育の見方、保育者としての自分への振り返りにもなるからです。

　二つめの課題は、保育をすすめていくときの保育者から子どもへの「ことばかけ」についてです*。子どもをどのように理解し、働きかけるかはとても大事な問題です。しかし保育の営みは、保育者から子どもへの「ことばかけ」ということだけではとらえきれない面があります。少し難しい問題ですが、保育者と子どもとの距離について考えてみましょう。

＊本書4章 p.95参照

　『わたしとあそんで』という絵本があります。女の子が「わたしとあそんで」と声をかけながら、森の生きものたちを訪ね歩いて行きます。バッタ、へび、カエル、カケス、とり、うさぎ、シカなどが出てきます。しかし声をかけられた生きものたちはみな、女の子の前から姿を消してしまいます。女の子は、誰も自分と遊んでくれないと力を落としてしまい、しかたなく池の近くに腰かけています。とても静かなひとときが続くのですが、今度は森の生きものたちが、次々と女の子に近づいてきます。シカが女の子の頬をやさしくなめたので、とてもうれしくなります。

　筆者はこの絵本を開くたびに、保育者である自分と子どもたちとの距離ということを考えてきました。「女の子」を保育者に、「生きものたち」を

『わたしとあそんで』
マリー・ホール・エッツ文・絵／与田凖一訳、福音館書店

子どもたちに置き換えて、もう一度あらすじをたどってみてください。実際に絵本も開いてみてください。

自分が保育をしていたとき「どうも最近の自分は、子どもの気持ちをつかめていない」といらだつことがありました。そんなときは子どもたちからも手厳しい批判を浴びたりするのです。子どものことばや願いを「聞くこと」ができていないのです。しかし、自分の側で保育の準備ができているときは、自分から子どもの願いをよく聞こうとしています。そして、やや余裕をもった目で接し、楽しく保育が展開されていくことがあります。

保育者と子どもとの距離の問題は、どう考えればよいのでしょうか。この問いに対する答えは、保育実践の中から見出していくことになります。あらかじめ答えが用意されてはいません。実は、ここに保育の難しさとおもしろさがあるように思います。

保育実践とは、失敗を含みながら、試行錯誤をともなう創造的営みだと言い換えてもよいのです。子どものことばを記録し続けていくことにより、子どもについての発見があります。そして、保育実践を振り返り、保育のあり方を深めていくことができるのです。

コラム *Column*

エピソード記録

保育では、記録の重要性が言われていますが、具体的にどのように記録すればよいかとなると、悩んでしまうことも多いと思います。保育現場で活用されている記録方法の一つとして、エピソード記録があります。

エピソード記録では、生きいきと心も体も動いている保育という営みを、いかに「ことば」で書き表していくか、記録する保育者の表現力が求められます。例えば、「（私は）子どもと走った」と記録するとします。「自分が走る」ことは簡単ですが、「自分が子どもと走る」ということはとても難しいことかもしれません。自分のふるまいを振り返り、そのことが本当にできていたのか気づくことができるでしょう。また「言う」「話す」「語る」「しゃべる」「伝える」「つぶやく」の違いはどこでしょうか。同じ「言語を発する」という動作であっても、いろいろな表現の仕方があり、それを意識してみることで、ことばの使い方が変わってくるかもしれません。言葉を吟味することは、自分の保育者としての行動を精選することにつながるのだと思います。

子どもの姿を記録するときも同様です。「子どもが悩む」「戸惑う」「困る」「緊張する」、とても似ていますが、その時の子どもを記録するときに一番合う動詞はどれでしょうか。保育者の中にたくさんの選択肢があれば、それだけ豊かな記録になり得るでしょう。

第9章 乳幼児期の「ことば」と子どもの権利

第1節 「子どもの権利条約」を知っていますか

(1) 生まれたばかりの子どもにも子どもの権利条約は有効か

> ある保育園のゼロ歳児でまだことばが出ない子どもが、突然泣き始めました。若い保育者はその子を抱き上げてあやしますが、一向に泣き止みません。どうしたものかと考えているうちに、もしかしたら部屋の温度が暑いのではないかと考えて、やや涼しいところに移動しました。少しして子どもは徐々に落ち着いてきました。ことばをしゃべることができれば「暑い」と言えるのに、それができない乳児は泣くことで意思を表現していたのです。大人はその意思を汲み取らなければなりません。

このエピソードと子どもの権利条約はどのような関係でしょうか。子どもの権利条約第12条に述べられていることは「締約国は、自己の意見を持つ能力のある児童には、その児童に影響を与えるすべてに関して自己の意見を自由に表明する権利を保障しなければならない」ということです。ここで言う「自己の意見を持つ能力」が何歳からあると考えるか論議になるところですが、みなさんはどう思いますか？ 国連はこうした「意見」も立派な「自己の意見」として認めています。

子どもの権利条約が国連で決議されたのは1989年ですから、もう30年を超える年月が経っています。したがって条約の第42条*の趣旨に従えば、日本政府はすべての子どもたちが「子どもの権利条約」を知っていること

* 第42条（条約広報義務）締約国は、適当かつ積極的な方法でこの条約の原則及び規定を成人及び児童のいずれにも広く知らせることを約束する。

を保障していることになります。みなさんはその条約を読んだことがあるでしょうか。それ以前に条約の存在を知っているでしょうか。

もしかしたらどこかの学校段階で取り上げてもらったことがあるかもしれませんが、多くのみなさんは実際に条約を読む機会を持たなかったのではないでしょうか。これを機会にぜひ読んでみてください（**資料27**）。条約ですから読みにくいところはありますが、それが何を意味しているのかを考えながら読むと新しい知見を得ることができると思います。子ども向けの「条約」もあります。なお、2019年には国連の子どもの権利委員会から日本政府に対して第4回目の勧告が出されています*。

*本書4章 p.94参照

（2）なぜ子どもの権利条約ができたのでしょうか

なぜ1989年に子どもの権利条約ができたのでしょうか。そのことについて少しふれると、国連は1959年に「子どもの権利宣言」を世界に向けて呼びかけました。しかしそれは呼びかけだけであって、各国には実行の義務がありませんでした。その後多くの国において内乱や貧困などで子どもが犠牲になり、何とかしなければならないという気運が盛り上がりました。子どもの権利宣言から20年後、1979年は国連が決議した「国際児童年」であり、その10年後に「子どもの権利条約」が制定されたのです。提案したのはポーランドで、第二次世界大戦で多くの犠牲者を出したという歴史がありました。またその大戦中に自らの身を犠牲にしても子どもたちとともにいたコルチャック氏**の思想にもちなんでいます。

**Korczak, Janusz (1878(79)-1942) ポーランドのユダヤ人弁護士家庭に生まれた小児科医で、国連子どもの権利条約の精神的父。（『保育小辞典』大月書店より）

（3）そもそも子どもの権利とは何でしょうか

子どもの権利と言われてもなかなか具体的に思い浮かばないかもしれませんが、大人が持っている権利は基本的に子どもも持っているというのが国連の決めた立場です。つまり生きる権利に始まり、学習する権利、発達する権利、表現の権利などです。とりたてて子どもだからという権利は乳幼児期をはじめとした保護される権利など特殊なものだけです。

日本では「権利」ということばに「何か特別に要求するもの」というイメージがあるかもしれませんが、本来は人間が持っている当然のことであり、日本国憲法に基本的人権として「誰もが保障されていること」です。

子どもの権利についての難しさは、子どもの成長に責任を持つのは大人であるということが強調されすぎて、子どもの権利の主張が、大人が子どもを保護する権利と矛盾するかのようなメッセージを与えていることです。もちろん子どもの成長に責任を持つのは国を含めて関係する大人ですが、それは子どもの発達や意思までも「自分の思い通りにする」ことではありません。「育てる責任」を強調すればするほど、子どもの意思や発達が抑えられてしまう危険性があります。

　子どもの権利条約は子どもが主体ですが、その保障をする大人が一体どれだけ「大人の権利」を保障され、子どもの権利条約を理解しているのかが問われます。子どもの権利の保障は「子どもを一人の人間として扱う」かどうかにかかっています。「子どものくせに」ということばが発せられるとき、すでに子どもの権利は無視されているのです（参考：**資料28** p.175）。

（4）子どもの権利条約を読み解く

❶子どもの権利条約の4つの柱

　子どもの権利条約は大きく分けて4つの権利に分類されます。まずは人間として「生きる権利」です。さらに危険やさまざまな暴力や不正から「守られる権利」であり、身体的にまた精神的に「育つ権利」であり、そして社会や生活に「参加する権利」です。

❷子どもの最善の利益

　第3条にある「子どもの最善の利益」と言うと、子どものわがままを認めるかのように受け取られがちですが、そうではなく「子どもにかかわるすべての活動」が"子どもの発達にもっともふさわしい方法や形"で行われることによって「最善の利益」が守られるのです。

　なお英語では「best interests」となっていますが、interestsに注目してください。条文では（すべての子どもの）「最善の利益」と強調されますが、「best interests」と複数形になっていることから、最善の利益は子どもにとってさまざまであり、「一人ひとり違うこと」として書かれています。

資料27　子どもの権利条約（国際教育法研究会訳）

第1条（子どもの定義）
　この条約の適用上、子どもとは、18歳未満のすべての者をいう。ただし、子どもに適用される法律の下でより早く成年に達する場合は、この限りでない。

第2条（差別の禁止）
1．締約国は、その管轄内にある子ども一人一人に対して、子どもまたは親もしくは法定保護者の人種、皮膚の色、性、言語、宗教、政治的意見その他の意見、国民的、民族的もしくは社会的出身、財産、障害、出生またはその他の地位にかかわらず、いかなる種類の差別もなしに、この条約に掲げる権利を尊重しかつ確保する。
2．締約国は、子どもが、親、法定保護者または家族構成員の地位、活動、表明した意見または信条を根拠とするあらゆる形態の差別または処罰からも保護されることを確保するためにあらゆる適当な措置をとる。

第3条（子どもの最善の利益）
1．子どもにかかわるすべての活動において、その活動が公的もしくは私的な社会福祉機関、裁判所、行政機関または立法機関によってなされたかどうかにかかわらず、子どもの最善の利益が第一次的に考慮される。
2．締約国は、親、法定保護者または子どもに法的な責任を負う他の者の権利および義務を考慮しつつ、子どもに対してその福祉に必要な保護およびケアを確保することを約束し、この目的のために、あらゆる適当な立法上および行政上の措置をとる。
3．締約国は、子どものケアまたは保護に責任を負う機関、サービスおよび施設が、とくに安全および健康の領域、職員の数および適格性、ならびに職員の適正な監督について、権限ある機関により設定された基準に従うことを確保する。

第4条（締約国の実施義務）
　締約国は、この条約において認められる権利の実施のためのあらゆる適当な立法上、行政上およびその他の措置をとる。経済的、社会的および文化的権利に関して、締約国は、自国の利用可能な手段を最大限に用いることにより、および必要な場合には、国際協力の枠組の中でこれらの措置をとる。

第5条（親の指導の尊重）
　締約国は、親、または適当な場合には、地方的慣習で定められている拡大家族もしくは共同体の構成員、法定保護者もしくは子どもに法的な責任を負う他の者が、この条約において認められる権利を子どもが行使するにあたって、子どもの能力の発達と一致する方法で適当な指示および指導を行なう責任、権利および義務を尊重する。

第6条　以下略

❸子どもの意見表明権

　子どもの権利条約を日本で批准するときにもっとも論議になったのが「子どもの意見表明権」です。子どもは未熟であり、正当な意見を表明することは難しいとして、子どもの意見表明を受け入れることに否定的な人もいます。子どもに意見表明を自由にされたりすると収拾がつかなくなるという声もありました。

　日本では特にこの意見表明権について大人たちの抵抗が強く、子どもの意見を受け入れないという流れがいまだに続いています。そこで本当の意味で子どもの意見表明権が保障されているのか考えてみる必要があります。保育指針の解説では簡単に「子どもの発達や経験の個人差等にも留意し、国籍や文化の違いを認め合い、互いに尊重する心を育て、子どもの人権に配慮した保育となっているか」確認する、とだけ書かれています。子どもの意見表明権について、意見をどう聞いていくのか、どのように育てていくのかは書かれていませんから、保育者が子どもの声に耳を傾けながら表明された意見を受け止めていかなければなりません。

❹国連の決議した一般的注釈

　さて、子どもの権利条約は18歳未満のすべての子どもを対象にするということから、当然ながら乳幼児にも「子どもの権利条約」は及ぶことになります。しかし、条約そのものはそうした点をはっきりさせていません。そこで、条約に準じるあらたな勧告を出したのです。

　国連子どもの権利委員会は2005年に、子どもの権利条約の補完として「『乳幼児期における子どもの権利の実施』に関する一般的注釈第7号」（以下「一般的注釈7号」）を提示しています。条約ほど厳しい制限はありませんが、子どもの権利条約を補うものとして各国の政府に対して徹底した実施が求められます。この「一般的注釈7号」は子どもの権利条約が乳幼児期を十分視野に入れていないという指摘を受け、国連で確認されたものです。

　一般的注釈は大きく分けて4つの項目で乳幼児の権利について「勧告」を出しています。

　　ア．生命、生存および発達に関する権利（10項）
　　イ．差別を受けない権利（11項）
　　ウ．子どもの最善の利益（13項）
　　エ．乳幼児の意見と感情の尊重（14項）

この中からことばに大きくかかわる意見表明権について紹介しておくと、「一般的注釈7号」の14項「乳幼児の意見と感情の尊重」において次のように述べられています*。

＊引用文中、第12条については、本章冒頭を参照

> 本委員会は、第12条が、年少の子どもおよび年長の子どもの双方に適用されることを強調したい。権利の保持者として、たとえ生まれたばかりの子どもであっても、自己の見解を表明する資格を与えられ、その意見は「子どもの年齢と成熟に応じて適切に考慮される」（第12条1項）べきである。

つまり子どもは生まれたときから自分の意見を表明する権利があり、大人はその表明された意見を「子どもの年齢と成熟に応じて適切に考慮」しなければならないのです。さらに乳幼児が自由に自分の意見を表明する機会や条件が与えられているかということも大事なポイントになります。

第2節　ことばの視点から見る子どもの権利とは何か

（1）ことばでコミュニケーションをはかる権利がある

　以上をふまえて、ことばの視点から子どもの権利を考えてみましょう。ことばはコミュニケーションをはかる上で大切なものです。当然のことながら、子どもにはことばでコミュニケーションをはかる権利があります。そのことは何を意味するのでしょうか。ことば以外のコミュニケーションを否定することではありません。ことばで表現されたことは最大限保障されなければならないということです。自己の主張が受け入れられて初めて他者の主張も受け入れることができるからです。
　その意味で、子どもの意見は政府を含めた大人たちに保障されているのでしょうか。子どもの意見を受け入れるシステムが日本の中にどれだけととのえられているでしょうか。川崎市（神奈川県）や川西市（兵庫県）をはじめとして一部の自治体には「子ども条例」などが制定されていますが、まだまだ少なく、子どもの意見が受け入れられるシステムは十分とは言えません。

(2) 思考力・判断力・表現力・批判力を育てる

　ことばは、思考を深める上でなくてはならないものです。学習指導要領では「思考力・判断力・表現力」を高めることが強調されていますが、ものを考えたり、何かを判断したり、表現したりするときにはそのほとんどの場合ことばが関与しています。ことばは単に音声として発せられるだけではなく、人間の生活すべてにかかわっています。子どもには、ことばを適切に身につけられる環境が用意されなくてはなりません。

　乳児期にことばを獲得した子どもは2歳になると、自己主張が前面に出てきます。この自己主張の基本は自立です。親や保護者にやってもらったことを「自分でできる」として、親や保護者に反抗します。その根底にあるのが「批判力」です。この批判力が育たないと「思考力・判断力・表現力」も不確かなものになってしまいます。十分な批判力を早くから身につけなければなりませんが、幼稚園教育要領や保育所保育指針ではふれられていないのが実状です。子どもの権利条約の浸透を考えるときに、この批判力が求められると思います。

(3) 自分の言語を持つ権利がある

　子どもの権利条約第29条（教育の目的）1項（c）では、「児童の親、児童自身の文化的アイデンティティ、言語および諸価値、児童が現在居住している国及び自己の出身国が持つ国民的な諸価値並びに自己の文明と異なる文明等に対して、尊敬心を育成すること」を締約国の義務としています。ひとことで言えば、国は外国籍の子どもも含めてことばや文化について、子どもの要求に応じて保障する体制を確保するということになります。

　現在、日本には25万人余の外国籍の子どもたち（15歳以下）がいます*。彼らへの日本語教育を十分に保障しているかと言えば、そうではありません。日本人の子どもが日本語を獲得するには、地域社会や家族の支援などさまざまな条件がととのっていますが、外国籍の子どもの場合はそれが限られています。保護者は必ずしも日本語ができるとは限りませんから、子どもに教えることもできません。多くの外国籍の子どもたちが通う学校では、学業についていけない子どものことが問題になっています。乳幼児期

*2015年12月時点。法務省在留外国人統計をもとに計算

の子どもにとっても、親や周囲から日本語でのことばかけがほとんどない状況では、日本語を身につけることは簡単ではありません。

その子どもたちの母国の言語についてはなおさらです。家族内での会話程度しかできませんから、親が読み書きを教えない限り、彼らは親の使っていることばがわからなくなります。そうした困難を日本政府として保障して初めて子どもの権利条約を守っていると言えますが、現状では一部の自治体で部分的にしか保障できていません。ニュージーランドやオーストラリアでは外国籍の子どもだけでなく、先住民族と言われている人々の母語についてもしっかりと読み書きを保障しています。日本では対応できていないのが現状です。

それでは、日本の子どもたちに対しては母国のことばである日本語を持つ権利は保障されているのでしょうか。一般的な意味でのことばの獲得と発達については保護者や保育園、あるいは幼稚園の保育や教育に任されていますから、その点では保障していると言えますが、その内容については保育所保育指針や幼稚園教育要領が示すように極めて抽象的なものになっています。また「ことばが出ない子ども」については、障がいを持っているかどうかの発達診断を市町村が巡回しながら行っていますが、ことばの発達までを診断する体制は十分ではありません。

資料28　参考資料：子どもの電子メディア憲章（FCT市民のメディア・フォーラム訳）

1998年3月、世界各国の代表が参加して第2回「テレビと子ども」世界サミットがロンドンにて開催、そこで「子どもの電子メディア憲章」が採択され、テレビなどのメディアに対して、子どもたちが被害を受けることなく、意見を表明する権利が認められています。

1　テレビやラジオについて子どもたちが述べる意見は、尊重されなければならない。
2　子どものための番組制作においては子どもの意見を聞き、子どもを関与させなくてはならない。
3　子ども番組には音楽、スポーツ、ドラマ、ドキュメンタリー、ニュース、コメディーなどが含まれなければならない。
4　子どもたちには海外からの番組だけでなく自国で制作した番組がなければならない。
5　子ども番組は面白く、楽しむことができ、教育的で、相互交流できるもので、身体的発達、精神的発達を促すものでなくてはならない。
6　子ども番組は正直で現実的でなければならない。子どもは世界で何が起こっているかについて真実を知る必要がある。（以下省略）

第10章 「ことば」をめぐる新たな課題

　本書では、乳幼児教育における「ことば」をテーマとして「保育所保育指針」（以下「指針」）や「幼稚園教育要領」（以下「要領」）にもふれながら、理論的および実践的な整理を行ってきました。人間にとってことばは、コミュニケーションの手段として、あるいは思考の道具として、そして権利として重要なものであることは理解してもらえたと思います。

　本章ではそうした理解の上に立ち、私たちのかかわる保育の世界で、ことばをめぐってどのような問題が出されているのか、それはどのようにとらえて克服していけるのか、それらをいっしょに考えてみたいと思います。

第1節　文明の発達とことば

（1）生活体験の縮小とことば

　子どもをとりまく「環境」については、「指針」及び「要領」において健康、人間関係、言葉、表現と並んで5つの柱の一つとして位置づけられています。子どもたちはさまざまな生活体験をすることを前提にして、その上で、子どもの「生活の連続性」（「要領」第1章）への考慮が保育者に求められています。

　しかし、子どもたちが日々体験する生活は、社会の変化とともに自然や人間とのふれあいが狭く少なくなってきています。安全を理由にした行事の調整（縮小や削減）があり、都会ではそもそもの自然が奪われています。規制緩和の中で園庭がなくても保育が営まれているのも、こうした生活が「狭まる」ことにつながっています。家庭では、手をかけていた家事

において機械化がすすみ、子どもに家事の手伝いをさせようにもさせるものがない、などという話もあります。

　私たち人間はさまざまな体験を通して豊かなことばを身につけてきましたが、自然や人間とのふれあいを通した体験が失われていく中で、ことばの獲得の過程も変わってきています。

◆思考力・判断力・表現力の喪失

　文明の発達とは、今まで困難だったことを容易にできるようにすることだとするならば、そのこと自体は人類の進歩にとっては重要なことです。人間は有史以来、そうした積み重ねの中で今日の文化を築いてきたのです。つまり人間は困難に直面し、それを乗り越えることで人間としての思考力や判断力、表現力を豊かに育ててきました。ところが、文明の発達によってこうした力を身につけていく場を失うということにもなっているのです。特に、前述したように家庭生活の中ではこうした状況が顕著にあらわれてきます。また、子育てや保育の中で「失敗をさせない」ことが求められ、そのことが子どもたちに思考力や判断力、表現力をつける機会を奪っているという指摘もあります。

（2）メディアのことばへの影響

　最大の問題は、多くのことばがテレビやビデオ・DVDなどのメディアから獲得されていることです。幼稚園や保育園の子どもたちの間で交わされることばの多くが、テレビのキャラクターが発したものになっています。最近ではバラエティー番組で使われていることばも多く交わされています。番組が変わると、それにともなって使うことばも変わっていきます。

◆乳幼児期における語彙の獲得数

　子どもたちはさまざまな生活を通して「もの」と「ことば」をつないでいき、やがて語彙の獲得として自分の身体に定着させていきます。この獲得手順については、人間に共通したものです。そして獲得する語彙の数は年齢（月齢）の発達に合わせて世界共通と言っても過言ではありません。資料29は日本とオーストラリアにおける年齢ごとの獲得語彙数を表しています。使用レベルではどちらも5歳までほとんど同じです。

しかし獲得語彙数はほぼ同じでも、どのような語彙が獲得されているかは時代によって、国によって異なるでしょう。現代の子どもが獲得する語彙はメディアの影響を受けていますから、実際に子どもが獲得している語彙は生活体験からではなく映像からのものが増えていることが予想されます。また、テレビの視聴時間が海外の他の国より長い傾向のある日本ではさらに大きな違いとなってくると思われます。

第2節　メディアの発達とことば

（1）乳幼児とテレビの関係

　乳幼児にとってのメディアを考えたとき、やはりテレビが一番の問題になると思います*。テレビの視聴時間についてはさまざまなデータがありますが、平均的には小学生でも1日3時間前後となっています。ここではNHKの放送文化研究所が行った調査（「2013年幼児生活時間調査」）を取り上げてみます（資料30）。

　2013年の調査ですが、0歳児でも50％以上の子どもがテレビを見ていて、その平均時間は2時間15分となっています。4歳児では85％の子どもがテレビを見ていて、平均時間は2時間8分です。女児も男児も大きな違いはありません。幼稚園、保育園、未就園児の別では、自由な時間が多いほど視聴時間も多くなっていて2時間30分以上見ている子どもも少なくありません。筆者が行った別の調査で「テレビの影響度」についても尋ねていますが、「少し受けている」「大変受けている」を合わせると90％にものぼり、テレビの与える影響が数字にも表れています（資料31）。また「誰といっしょにテレビを見ますか」という問いに対しては、「家族といっしょに見る」は3割程度でした。つまり残りの7割の子どもたちは家族と映像やストーリーを共有していないのです。

（2）コミュニケーション上の問題

　こうしたメディアの中で育っている子どもたちに、コミュニケーション

*近年乳幼児のメディア接触時間では、テレビを見る時間が減少し、「家庭におけるアプリ・ソフトの1日あたりの使用時間」が増えている。平日に「15〜30分くらい」「1時間以上」動画を見る乳幼児はあわせて、0歳後半14.1％、1歳25.6％、2歳37.1％、3歳42.0％、4歳37.2％、5歳29.0％、6歳29.4％となっている。（ベネッセ教育総合研究所「第1回乳幼児の親子のメディア活用調査報告書」2014）日本子ども家庭総合研究所編『日本子ども資料年鑑2015』p.308。

　日本小児科医会は、乳幼児期には体を十分動かして遊ぶこと、親子で目と目をふれあうことが大事であるとし、「子どもとメディア」の問題に対する提言を発表した（2004年、http://jpa.umin.jp/download/media/proposal02/pdf）。また、2013年より啓発活動「スマホに子守りをさせないで！」を行っている。

資料29　年齢ごとの語彙の獲得

(語彙数)

		1歳	1歳半	2歳	3歳	4歳	5歳	6歳	7歳
日本語	使用	5	40	260	800	1600	2000		
英語	使用	3〜20	50	200	800	1500	2000		
	理解			(500)	(1200)	(2500)	(2800)	(13000)	(20000)

(瀧口2009 p.15より作成)

資料30　0〜6歳児のテレビを見る割合と時間量（月曜）

	幼児全体	男	女	0歳	1歳	2歳	3歳	4歳	5歳	6歳	幼稚園児	保育園児	未就園児
行為者率(%)	77	76	78	53	74	73	80	85	81	77	85	70	75
行為者平均時間(分)	129	128	130	135	143	139	134	128	118	117	123	101	155
全員平均時間(分)	99	97	101	72	105	101	108	109	96	90	104	70	116

NHK放送文化研究所「2013年幼児生活時間調査」より瀧口作成

注）調査対象は、首都圏に住む0歳4ヵ月〜就学前の幼児1500人（有効回答数985人、保護者が記入）。【行為者率】1日の中で、ある行動（この表では「テレビを見る」）を15分以上した人が全体の中で占める割合。【行為者平均時間量】ある行動を15分以上した人に限った平均時間量。【全員平均時間量】その行動をしなかった人も含めた全員の平均時間量。

資料31　お子さんはテレビの影響を受けていると思いますか（荒川区公立幼稚園、2004年）

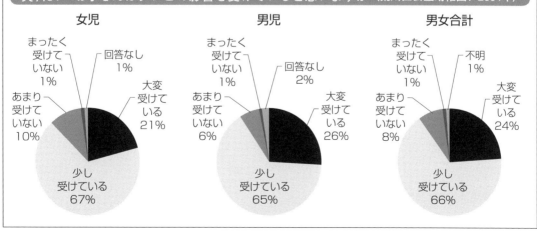

上の問題はないのでしょうか。もう一度、今まで学んできた「ことば」に戻ってみましょう。

ことばはコミュニケーションの基本となるものです。コミュニケーションは常に双方向的でなければ「交流」できません。「コミュ」とは英語で「いっしょに」を意味しているのですから。

ところが、テレビやビデオ・ＤＶＤは一方的です。情報や映像が一方的に流され、相手である視聴者の反応を期待していません。チャンネルを変えられるようになればまだ拒否できますが、乳児で動けない場合には情報や映像が子どもたちに振りかぶってきます。嫌でも受けるしかありません。

もう一つのテレビの問題は、常に映像が子どもたちの目前に出現することで、子どもたちが自分で想像し、イメージするということができなくなってしまうことです。幼児期に必要な想像力は自分で考えるところから発達していきます。ことばと同時に映像が目の前に出されてしまうと、子どもたちは考える機会を失ってしまいます。子どもたちは想像力を土台にしてこそ、人間や自然への共感や共生への意識を高めることができるのです。

(3) メディア時代のコミュニケーションづくり

一方的に情報や映像が流れてくるマスメディアの時代には、それにふさわしいコミュニケーションづくりが求められます。たとえば、テレビについては学校や幼稚園、保育園で「ノー・テレビ・デー」を設けて、それを週に１回または月に１回実施しているところもあります。

メディア時代の現代にメディアをまったく拒否することは不可能に近いですから、メディアとうまく付き合っていかなければなりません。

第3節 早期教育とことばの関係

(1) 早期教育とは

「早期教育」ということばでみなさんは何をイメージするでしょうか。「早期才能教育」「早期英語教育」……どちらかと言えば特別な力を開花さ

せるための教育、というイメージがあるのではないでしょうか。早期教育には、胎教や幼児教育、読み書き・計算などの知育教育、英語などの外国語教育、稽古ごと（音楽・書道）などの技能教育、水泳をはじめとしたスポーツ教育、脳の活性化をめざした能力開発教育などがあります。これらが入り混じったものもあり、日本だけでなく世界中で行われていますが、特に日本の熱心さは目立っています。最近では自然への体験学習なども「早期教育」として扱われてきています（**資料32、33**）。

資料32　幼児の習い事の内容（保育園、幼稚園、学年別）

(%)

	就園状況別		学年別		
	幼稚園 (2,170名)	保育園 (899名)	年少児 (767名)	年中児 (1,115名)	年長児 (1,141名)
スポーツ系合計	47.6	29.8	21.0	42.7	57.9
芸術系合計	14.7	9.2	5.5	13.9	17.7
学習系合計	46.5	31.9	35.6	40.6	49.0

注1）複数回答。
注2）スポーツ系合計は「スイミングスクール」「スポーツクラブ・体操教室」「地域のスポーツチーム」。芸術系合計は「楽器」「幼児向けの音楽教室」「お絵かきや造形教室」。学習系合計は「小学校受験のための塾や家庭教師」「英会話などの語学教室や個人レッスン」「計算・書きとりなどのプリント教材教室」「定期的に教材が届く通信教育」「一度に購入する教材・教育セット」。
注3）現在、習い事をしていないと回答した母親を含めたすべての母親の回答を母数としている。

資料33　幼児の習い事の内容（経年比較）

(%)

	1997年 (2,478名)	2003年 (3,477名)	2008年 (3,069名)
スイミングスクール	23.6	22.4	21.0
スポーツクラブ・体操教室	13.5	11.9	17.9
地域のスポーツチーム	1.5	3.1	3.5
スポーツ系合計	38.6	37.4	42.4
バレエ・リトミック	5.3	5.0	5.1
楽器	10.6	7.4	5.8
幼児向けの音楽教室	7.8	4.7	5.2
お絵かきや造形教室	4.3	2.6	2.1
芸術系合計	22.7	14.7	13.1
習字	1.7	1.4	1.1
そろばん	0.2	0.1	0.1
児童館など公共施設での自治体主催の教室・サークル	1.7	2.1	1.5
受験が目的ではない幼児教室やプレイルーム	4.0	2.5	3.0
小学校受験のための塾や家庭教師	1.5	0.5	1.1
英会話などの語学教室や個人レッスン	6.1	13.0	9.5
計算・書きとりなどのプリント教材教室	3.8	3.7	3.7
定期的に教材が届く通信教育	28.9	23.1	25.2
一度に購入する教材・教育セット	4.5	4.1	2.7
学習系合計	44.8	44.4	42.2
その他	3.8	1.1	2.2

注1）複数回答。
注2）現在、習い事をしていないと回答した母親を含めたすべての母親の回答を母数としている。
注3）　　は「スポーツ系」の習い事、　　は「芸術系」の習い事、　　は「学習系」の習い事を示す。

ベネッセ教育研究開発センター「第3回子育て生活基本調査（幼児版）」2008年より（資料32、33とも）

◆**早期教育のキャッチフレーズ**

　実際に早期教育を行っている団体・機関の目標を読んでみる必要があるでしょう。具体的な名前の明示は避けますが、以下のような内容で宣伝されているのが特徴です。

・胎教＆乳幼児教育で天才児を創る（幼児教育）
・歌を歌ったり、体を動かしたりしながら英語をたくさん聞くことで、脳に「英語の回路」を作る（英語）
・早くからの運動でプロに通じる選手を育てる（スポーツ）
・体験を通して自然の力やそれを生かす生産者の知恵と工夫を学び、生産者の喜びや苦労を学ぶ（農業）

　早期教育は、早くから特別な能力を「開発」させることによって人よりも優れたところをつくり出し、将来的に人に先んじて生きていける保証を確保しようとしているのが大方の特徴です。他方、21世紀を迎えた今、特別な能力というより人間として必要な体験などをあえて設定して行う団体や機関も登場しており、ひとくくりにできない状況があります。

（2）早期教育がことばの発達に与える影響

　そのように早期教育の幅も広がってきています。簡単に問題であるとかないとか、良い悪いを言えるものではありません。が、少なくとも早期教育がことばの発達に何らかの影響を与えていることは否定できません。

　現在の日本社会では人と人とのコミュニケーションが難しくなっていることは、本書でこれまでにもふれられていることです。それは家庭が核家族化し、地域の結びつきが失われて、人間同士のコミュニケーションの場が奪われているからです。文明の発達は、本来人間を豊かにしなければならないのですが、人間関係においては必ずしもそうなってはいません。

　そうしたコミュニケーション不足の状況の中で、早期教育を通じて人間的な関係が生み出されるのならば、それはむしろプラスと考えていいのではないでしょうか。また子どもたちが自分のできることに自信を持てるようになれれば、それはプラスに働きます。

　一方、消極的な面としては、子どもの自然な成長をゆがめたり、本来必

要な遊びなどの中で育っていく人間的な力、仲間とかかわるコミュニケーション能力が不全な状態に陥ってしまうという懸念もあります。

第4節　外国語（英語）教育をめぐって

（1）英語は早くから身につけた方がいいのか

　早期教育とことばの問題で気になるのが早期外国語学習、とりわけ早期英語学習です。インターネットで検索してみると、乳幼児向けのさまざまな英語活動事業があり、それらには「早くから英語をやらないと英語が身につかない」「小さいうちは聞いているだけで英語が身につく」など親を不安にさせることばがちりばめられています。

　確かに早くから取り組めば身につく可能性もありますが、逆に英語嫌いになる可能性もあります。現に、早期英語教室に通った子どもたちの中から英語嫌いがうまれています。一つの言語を身につけるのはそんなに簡単なことではありません。人間が母語を獲得するのには、たとえば3歳までを想定しても数千時間という積み重ねが必要ですから、それから考えても困難さがわかります。

　今までの教育制度では中学校から外国語を学んできましたが、それでも十分な英語の力をつけた人はたくさんいます。だから早くから取り組むことではなくて、子どもの発達と要求に合わせて取り組むことが重要です。

　ただし私立の幼稚園や最近では保育園でも、園児獲得のために英語学習を行っている園が増えてきています。親としてはその方が安心できるということでしょうが、前述したようにうまくいかないケースもあることを理解しておく必要があります。保護者から必ず問われる問題でもあります。

◆小学校英語活動の導入

　2011年から小学校高学年に「外国語（英語）活動」が導入され、小学校の場に英語が入りました（**資料34**）。このことが幼児教育にも影響を与え、早くから取り組むことで英語ができるようになるという思い込みを持たされる保護者が増えています。そのような成果を獲得できる子どもは、

その後もずっと継続できるほんの一部であって、くり返しますが、早くから取り組むことで英語嫌いになる可能性もあるという事実が理解されていません。まして専門的に英語を教える訓練をしていない担任が教える場合には、その可能性がより高くなるのは言うまでもないでしょう。なお、2020年から小学校3・4年が英語活動、5・6年が英語となりました。

（2）母語の大切さ——バイリンガルをめぐって

　早期外国語教育とことばの問題をめぐって、もう一つ指摘しておかなければならないのはバイリンガル願望への警鐘です。日本でも行われていますが、お隣の韓国では小さい子どもを連れて母親が外国に滞在し、2～3年で子どもが英語を話せるようになると帰国するというケースが見られます。そしてその子どもは「バイリンガル」として評価されています。

　ことばは使っていなければ忘れていきます。たとえ一度身につけた母語でも、数十年使わなければなかなか口から出てきません。使っていない難しい表現は数年でも忘れますので、自分の言いたいことを十分に表現できなくなります。小さい子どもならなおさらです。脳の発達から考えると、10歳までは新しいことばを覚えるのは簡単ですが、忘れるのも簡単です。

第5節　乳幼児期の異文化コミュニケーションとことば

（1）異文化の子どもたち

　日本の将来を考えると、確実に多文化社会を迎えることになります。すでに日本人同士でも帰国子女の存在などで多文化社会と言えるかもしれませんが、外国籍の子どもたちといっしょに学んだり遊んだりすることが日常的になると、異文化に対してどのように対応するのか身体でつかんでおく必要があります。

　現在、日本の幼稚園や保育園には徐々に外国籍の子どもたちの入園が増え、子どもたちや保育者、そして保護者たちもその対応を通して異文化と接触しています（**資料35**）。今後ますますこうした事態が広く見られて

資料34　小学校外国語活動（学習指導要領より抜粋）

第1　目標
　外国語によるコミュニケーションにおける見方・考え方を働かせ，外国語による聞くこと，話すことの言語活動を通して，コミュニケーションを図る素地となる資質・能力を次のとおり育成することを目指す。
　　（1）外国語を通して，言語や文化について体験的に理解を深め，日本語と外国語との音声の違い等に気付くとともに，外国語の音声や基本的な表現に慣れ親しむようにする。
　　（2）身近で簡単な事柄について，外国語で聞いたり話したりして自分の考えや気持ちなどを伝え合う力の素地を養う。
　　（3）外国語を通して，言語やその背景にある文化に対する理解を深め，相手に配慮しながら，主体的に外国語を用いてコミュニケーションを図ろうとする態度を養う。

2．内容〔第3学年及び第4学年〕
〔知識及び技能〕
　（1）英語の特徴等に関する事項
　　実際に英語を用いた言語活動を通して，次の事項を体験的に身に付けることができるよう指導する。
　　ア．言語を用いて主体的にコミュニケーションを図ることの楽しさや大切さを知ること。
　　イ．日本と外国の言語や文化について理解すること。
　　　（ア）英語の音声やリズムなどに慣れ親しむとともに，日本語との違いを知り，言葉の面白さや豊かさに気付くこと。
　　　（イ）日本と外国との生活や習慣，行事などの違いを知り，多様な考え方があることに気付くこと。
　　　（ウ）異なる文化をもつ人々との交流などを体験し，文化等に対する理解を深めること。
〔思考力，判断力，表現力等〕
　　情報を整理しながら考えなどを形成し，英語で表現したり，伝え合ったりすることに関する事項。具体的な課題等を設定し，コミュニケーションを行う目的や場面，状況などに応じて，情報や考えなどを表現することを通して，次の事項を身に付けることができるよう指導する。
　　ア．自分のことや身近で簡単な事柄について，簡単な語句や基本的な表現を使って，相手に配慮しながら，伝え合うこと。
　　イ．身近で簡単な事柄について，自分の考えや気持ちなどが伝わるよう，工夫して質問をしたり質問に答えたりすること。（以下略）

資料35　外国人家庭の受け入れ事例

　埼玉県のある私立保育園にブラジル人夫婦の子どもが入園してきました。子どもははじめことばがわからなくて戸惑いましたが、すぐにいっしょに遊び始め、数日のうちに他の園児と遊べるようになりました。ことばも覚えていきます。ところが園に顔を出す母親や父親は日本語になれておらず、保育者や他の保護者とのコミュニケーションがうまくできません。またいっしょに遊べるようになった子どもも、日常的には家庭でポルトガル語で会話をしているために、日本語の語彙があまり増えません。細かいルールなどになるとついていけないこともあります。それでも保育者のことばかけで少しずつ語彙を増やし、コミュニケーションには困らなくなりましたが、限界があります。
　保護者とのコミュニケーションという点では、たどたどしい日本語によって行わなければならず、伝えたいことも十分にはできません。またその子はいずれブラジルに帰ることになっているので、母語としてのポルトガル語をしっかりと身につけなければならないのですが、親との会話でしか身につきません。不十分なままで将来が心配です。

いくことは間違いありません。

　現在日本には250万人を超える外国籍の人々がいます。人数の多い国は中国、韓国・朝鮮、ベトナム、フィリピン、ブラジルなどとなっていますが、地域によって偏りがあります。愛知県や群馬県はブラジルからの外国籍登録が多くなっていますし、大阪府や東京都は中国や韓国・朝鮮籍の人々の割合が多くなっています。また、東京都には50万人を超える外国籍登録者がいますが、これは全国にいる登録者のおよそ20％を占めています（資料36）。

(2) 異文化コミュニケーション──外国の歌・遊びを利用して

　こうした外国籍の子どもたちを迎えて、保育の場ではどのようなことを考えなければいけないのでしょうか。異文化を理解するといっても、たくさんの異文化が入ってくるとそのすべてを理解するのは困難です。したがって、異文化を受け入れる「からだ」をつくることです。その一つの方法に外国の歌や遊びを知ることがあります。日本で生まれ育った外国籍の子どもたちは生まれたときから日本の文化に浸っていますが、保護者には自分が母国で育ってきた中で身につけた文化があります。その基本が歌であり、遊びです。

　保育の場で、外国籍の子どもたちの母国で親しまれている歌や遊びが取り入れられたら、保護者も含めて「居場所」づくりになります。そのことが異文化理解にもなっていくことでしょう。

◆外国の歌や遊びの例
　それぞれの地域や国に昔から歌い継がれている歌、伝え継がれている遊びがあります。また、語り継がれている話があります。文字を持っている国はそれを記録として残してきたので、手に入れることはそんなに難しいことではありません。もともと文字を持たない言語でも、日本のアイヌ語のように文字を当てはめて記録できるようにしてきているところもたくさんあります。

　資料37ではいくつか外国の歌や遊びの例を挙げておきました。詳細については、関連する書籍やインターネットで調べてみてください。また大使館などに問い合わせれば、詳しく教えてくれると思います。

資料36　外国人登録人口の都道府県推移（全国上位10）

	2008年	2012年	2014年	2014年構成比(%)	2017年	2017年構成比(%)
総　数	2,217,426	2,033,656	2,121,831	100.0	2,561,848	100.0
東京都	402,432	393,585	430,658	20.3	537,502	21.0
愛知県	228,432	195,970	200,673	9.5	242,978	9.5
大阪府	211,782	203,288	204,347	9.6	228,474	8.9
神奈川県	171,889	162,142	171,258	8.1	204,487	8.4
埼玉県	121,515	117,845	130,092	6.1	167,245	6.5
千葉県	111,228	105,523	113,811	5.4	146,318	5.7
静岡県	103,279	77,353	75,115	3.5	85,998	3.4
兵庫県	102,522	97,164	96,530	4.5	105,813	4.1
岐阜県	57,570	45,878	45,024	2.1	51,029	2.0
茨城県	56,277	50,562	52,009	2.5	63,491	2.5
その他	650,500	584,346	602,275	28.4	728,513	28.0

法務省ホームページより瀧口作成

資料37　外国の歌や遊びの例

国名（地域）	よく歌われている歌	伝え継がれている遊び	遊びの解説
中華人民共和国	マイ・パオ・ガー	ケンケン競争	50cmごとにひいた線を踏まないように片足でゴールまで飛んでいく
韓国・朝鮮	サン・ト・キ	チェギはね（巧技）	硬貨とビニールでチェギ（羽根）をつくって、足で何回もはね飛ばし、回数の多さを競う
フィリピン	バ・ハイ・クボ	バンブーダンス（巧技）	音楽に合わせて2本の動いている竹の間をまたいで踊る
ブラジル	アス・マオンジーニャス	エラスチック	幅50cm位に広げた足にゴムを回し、残りの人がゴムを踏んだりかけたりする
ペルー	ラ・クカラーチャ	ムンド（ケンパあそび）	地面に書いたマス目に10から100までの数字を書き、それを片足と両足を組み合わせて跳びながら戻ってくる

参考資料は章末を参照

(3) 異文化から多文化へのみちすじ

　「異文化」と言うときにはそれは少数派の「文化」ですが、今後の日本は確実に「多文化」になります。アメリカは言うまでもなく、カナダやオーストラリア、あるいはフランスやドイツなど、先進諸国は基本的には多文化国家になっています。日本にもどんな形であれ、同じように将来は多文化社会がやってくることは間違いありません。**資料38**には参考資料として、夫・妻別国際結婚数の推移がわかるデータを挙げておきます。

　将来、ここで紹介したような世界のさまざまな音楽や遊びを身につけ、必要に応じてそれを子どもたちといっしょに取り組むことができたら、異文化から多文化への道が安心して開けるのではないかと思います。そして国や自治体としては、多文化に対応した多言語の対策などをとることが求められてきます。実際多くの自治体がこうした多文化への取り組みを始めています（**資料39**）。

　そうして新しい形での世界の平和が、さまざまな文化の体験を通して実現できたら、保育の世界も変わっていくのではないでしょうか。

†参考文献

【小学校英語に関する参考資料】
瀧口優『小学校英語の手引き』かもがわ出版、2009年
柳瀬陽介・小泉清裕『小学校からの英語教育をどうするか』岩波書店、2015年
時事通信出版局編『授業が変わる！新学習指導要領ハンドブック 小学校編』時事通信出版局、2017年

【外国の歌・遊びに関する参考資料】
多文化共生センター編・発行『多文化子どもの歌集 Ciranda Cirandinha 〜輪になろう』
大貫美佐子監修『国際理解にやくだつ世界の遊び』全7巻、ポプラ社、1998年

Chapter ⓾ 「ことば」をめぐる新たな課題

資料38　夫・妻別国際結婚数の推移

	夫日本・妻外国		妻日本・夫外国	
	件数	割合（％）	件数	割合（％）
1965（昭和40）年	1,067	0.1	3,089	0.4
1970（昭和45）年	2,108	0.2	3,438	0.4
1975（昭和50）年	3,222	0.4	2,823	0.4
1980（昭和55）年	4,386	0.7	2,875	0.5
1985（昭和60）年	7,738	1.3	4,443	0.7
1990（平成2）年	20,026	3.4	5,600	1.0
1995（平成7）年	20,787	3.3	6,940	1.1
2000（平成12）年	28,326	4.6	7,937	1.3
2005（平成17）年	33,116	6.4	8,365	1.6
2010（平成22）年	22,843	4.7	7,364	1.5
2015（平成27）年	13,826	2.2	6,167	1.0
2016（平成28）年	14,851	2.4	6,329	1.0

【コメント】2016年の日本における婚姻数は620,531件、そのうちほぼ3％は相手が外国籍となっています。

資料：厚生労働省大臣官房統計情報部「人口動態統計」より瀧口作成

資料39　自治体の多文化への取り組み

多文化共生の推進に係る指針・計画の策定状況

(団体数、％)

回答	都道府県	指定都市	市（指定都市除く）	区	町	村	全体
1. 文化共生に関する指針・計画を単独で策定している	17(36%)	9(45%)	65(8%)	6(26%)	2(0%)	0(0%)	99(6%)
2. 国際化施策一般に関する指針・計画の中で、多文化共生施策を含めている	19(40%)	9(45%)	58(8%)	2(9%)	7(1%)	0(0%)	95(5%)
3. 総合計画の中で、多文化共生施策を含めている	9(19%)	2(10%)	397(51%)	10(43%)	188(25%)	23(13%)	629(35%)
策定している（計）	45(96%)	20(100%)	520(67%)	18(78%)	197(26%)	23(13%)	823(46%)
4. 策定していないが、今後策定の予定がある	2(4%)	0(0%)	19(2%)	3(13%)	17(2%)	1(1%)	42(2%)
5. 策定しておらず、今後策定の予定もない	0(0%)	0(0%)	232(30%)	2(9%)	530(71%)	159(87%)	923(52%)
策定していない（計）	2(4%)	0(0%)	251(33%)	5(22%)	547(74%)	160(87%)	965(54%)
総　計	47(100%)	20(100%)	771(100%)	23(100%)	744(100%)	183(100%)	1788(100%)
無回答	0	0	0	0	0	0	0
自治体数	47	20	771	23	744	183	1788

(注) 平成30年4月総務省自治行政局国際室調査による。(平成30年4月1日現在)

Epilogue おわりに

　乳幼児期のことばについて、第1章から第10章まで説明してきました。保育者をめざす学生のみなさんは、どう受けとめるでしょうか？
　乳幼児のことばといっても、その内容は、とても幅が広く、奥が深いということは感じてもらえたのではないかと思います。この学習をきっかけにして、関心を持ち、学び続けてほしいものです。
　保育園・幼稚園の関係者の方々は、本書の内容をどのようにとらえられたでしょうか？　さらに、大学・短期大学において「保育内容　言葉」等の授業を担当されている先生方は、いかがでしたでしょうか？

　本書の内容を充実させるために、保育園・幼稚園の先生方から、貴重な資料を提供していただいたことに、心から感謝いたします。

　最後に、学生のみなさんや読者の方々に、一つお願いをしておきます。それは、内容について気づいたことがあれば、遠慮せずに指摘してほしいということです。
　この教科書を作成するために、5人の執筆者で行った研究会は、約2年間に10回をこえています。それでも、不十分な点や加筆すべき課題も出てくると思います。

　ここに、実を結ぶことができたのは、ひとなる書房社長名古屋研一氏、担当者安藝英里子さんはじめ、多くのみなさんの励ましによるものです。ありがとうございました。

　2011年4月　初版発行にあたって

　　　　　　　　　　近藤幹生　寶川雅子　源証香　小谷宜路　瀧口優

執筆者紹介（執筆順）

近藤　幹生（こんどう　みきお）　担当章：第1、2、3、4、5、8章
白梅学園大学・短期大学元学長。2019年4月より白梅学園大学大学院特任教授。
約29年間、保育士・園長を経験。
主な著書：
『人がすき　村がすき　保育がすき』ひとなる書房、2000年
『保育園と幼稚園がいっしょになるとき』岩波ブックレット、2006年
『明治20・30年代における就学年齢の根拠に関する研究』風間書房、2010年
『保育園改革のゆくえ』岩波ブックレット、2010年
『保育とは何か』岩波新書、2014年
『保育の哲学1・2・3・4』（共著）ななみ書房、2015年、2016年、2017年、2018年
『保育の自由』岩波新書、2018年

寳川　雅子（ほうかわ　まさこ）　担当章：第1、3、5、7章
鎌倉女子大学短期大学部准教授。約8年間、保育園・幼稚園にて保育にあたる。
主な著書：
『子どもの育ちと「ことば」』（共著）保育出版社、2010年
『育児は育自』文芸社、2012年
『わかる！安心！自信がもてる！保育・教育実習完全サポートブック』中央法規出版、2016年

源　証香（みなもと　さとか）　担当章：第2、3、4、6、7章
白梅学園短期大学准教授。私立保育園勤務（9年）を経て現職。
主な著書：
『子どもの権利通信合本』（共著）現代人文社、2010年
『はじめてでも大丈夫！0歳～2歳　指導計画の書き方・作り方』（共著）成美堂出版、2014年
『乳児保育を学ぶ』（共著）大学図書出版、2015年

小谷　宜路（こたに　たかのり）　担当章：第3、4、5、6、7章
埼玉大学教育学部附属幼稚園副園長。同園教諭（24年間）を経て現職。
主な著書：
『保育内容総論』（共著）ミネルヴァ書房、2006年
『保育内容・言葉―乳幼児のことばを育む』（共著）教育出版、2008年
『幼稚園教育実習の展開』（共著）ミネルヴァ書房、2010年
『保育・教職実践演習　自己課題の発見・解決に向けて』（共著）萌文書林、2016年
『保育と心理臨床をつなぐ　保育者・心理職・保護者の協働をめざして』（共著）ミネルヴァ書房、2018年

瀧口　優（たきぐち　まさる）　担当章：第9、10章
白梅学園短期大学教授。25年間高校英語教諭を務めた後、現職。新英語教育研究会副会長。
主な著書：
『「特区」に見る小学校英語』三友社出版、2006年
『小学校英語ワン・ツー・スリー』（共著）フォーラム・A、2007年
『小学校英語の手引き』かもがわ出版、2009年
『どうする小学校英語』大月書店、2009年
『小学校テーマで学ぶ英語活動BOOK 1・BOOK 2』（共著）三友社出版、2010年
『小学校の英語教育－ベトナムと日本の経験比較』（共著）三友社出版、2012年

装画／おのでらえいこ
装幀／山田道弘
写真／宮庄宏明（p.102）川内松男（p.16 p.28 p.29 p.133）
　上記以外の写真は著者提供

改訂2版
実践につなぐ　ことばと保育

2019年2月20日　改訂2版初刷発行
2021年8月25日　　　　4刷発行

著　者　　近藤　幹生
　　　　　寳川　雅子
　　　　　源　　証香
　　　　　小谷　宜路
　　　　　瀧口　　優
発行者　　名古屋　研一
発行所　　ひとなる書房
東京都文京区本郷2-17-13 広和レジデンス
電話　03-3811-1372
Fax　03-3811-1383
E-mail hitonaru@alles.or.jp

©2019　印刷・製本／中央精版印刷株式会社　　JASRAC　出1104835-101
＊落丁本、乱丁本はお取り替えいたします。